Severino Paiva

Pensamento Computacional

e o Desenvolvimento de Competências para a Resolução de Problemas no Ensino Básico

EDITORA CIÊNCIA MODERNA

Pensamento Computacional e o Desenvolvimento de Competências para a Resolução de Problemas no Ensino Básico

Editor: Paulo André P. Marques
Produção Editorial: Dilene Sandes Pessanha
Capa: Daniel Jara
Diagramação: Kamila Rocha Pimentel
Copidesque: Equipe Ciência Moderna

FICHA CATALOGRÁFICA

PAIVA, Severino do Ramo de.

Pensamento Computacional e o Desenvolvimento de Competências para a Resolução de Problemas no Ensino Básico

Rio de Janeiro: Editora Ciência Moderna Ltda., 2022.

1.Programação de Computadores 2.Matemática – estudo e ensino
I — Título

ISBN: 978-65-5842-211-2 CDD 005
510.07

Editora Ciência Moderna Ltda.
R. Alice Figueiredo, 46 – Riachuelo
Rio de Janeiro, RJ – Brasil CEP: 20.950-150
Tel: (21) 2201-6662/ Fax: (21) 2201-6896
E-MAIL: LCM@LCM.COM.BR
WWW.LCM.COM.BR **09/22**

Dedicatória/Agradecimentos

A Deus pela vida a mim concedida.

Aos meus pais, Coutinho e Ileide, por todo o apoio e ensinamentos que me deram ao longo da minha vida, possibilitando que eu me tornasse um cidadão e um profissional das áreas de informática e educação.

Aos meus filhos que são a minha inspiração permanente como ser humano e profissional na tentativa constante de servir-lhes de referência positiva.

À minha companheira, Aninha, que me deu força e teve paciência com as horas dedicadas à elaboração deste livro.

Aos meus alunos e ex-alunos que me serviram de "cobaias" no desenvolvimento do texto original deste livro durante as nossas aulas.

Aos meus amigos pela amizade, tolerância e paciência.

Aos meus colegas de trabalho que me incentivaram na preparação do livro e adotaram o texto como referência em suas disciplinas.

Sumário

Prefácio

Este texto foi desenvolvido com o foco no trabalho de levar o Pensamento Computacional para alunos do ensino fundamental, com ênfase em uma abordagem algorítmica, conforme preconiza a Base **N**acional Comum Curricular (B**N**CC).

O livro pode ser usado como texto base de uma ou mais disciplinas formais, notadamente Matemática, ou como um guia para cursos extracurriculares. Destaque-se que o texto se adequa tanto para a abordagem plugada (com o uso de computadores e internet) quanto com a abordagem desplugada, quando se trabalha sem usar recursos computacionais.

A ênfase do trabalho está em desenvolver a capacidade do discente para resolver problemas, o que é uma qualidade muito importante para quem pretende ser um bom profissional em qualquer área de atuação.

Cada capítulo está organizado de forma a facilitar a aprendizagem dos assuntos tratados, sendo composto pela teoria, exemplos, exercícios resolvidos e propostos. Para permitir o aprofundamento dos temas tratados aqui, o livro conta com material adicional no nosso canal no Youtube, https://www.youtube.com/c/ProfessorPaiva, e nos livros do mesmo autor, Guia de Implantação do Ensino de Pensamento Computacional no Ensino Básico e Introdução à Programação e ao Pensamento Computacional **U**sando a Linguagem Python e Portugol Studio.

No primeiro capítulo, são abordados os conceitos fundamentais do Pensamento Computacional (PC) e da resolução de problemas.

O segundo capítulo introduz o principal pilar do Pensamento Computacional, sob uma abordagem focada no algoritmo, principal pilar do PC, suas formas de representação e construção.

O terceiro capítulo faz uma opção por uma linguagem algorítmica simples estruturada para permitir a sua utilização como ferramenta para representar os algoritmos a serem desenvolvidos ao longo do livro.

No quarto capítulo, estabelecem-se as bases para o desenvolvimento de um pensamento computacional, buscando sistematizar uma técnica de abordagem de problemas, introduzindo uma metodologia como a ferramenta principal na resolução dos mesmos.

No capítulo cinco, é feita a conversão entre os algoritmos representados na linguagem algorítmica e a linguagem PYTHO**N**, possibilitando o uso de dispositivos computacionais para programar em uma das linguagens de programação das mais utilizadas pelos programadores no mundo todo.

No apêndice A, é apresentado um glossário para facilitar o acesso aos termos técnicos utilizados ao longo do livro.

No apêndice B, listamos as respostas das questões objetivas dos exercícios propostos em cada capítulo do livro.

No apêndice C, disponibilizamos o modelo do canvas algorítmico para utilização na especificação das soluções para os problemas propostos.

Para maiores informações, acesse a playlist sobre Pensamento Computacional no nosso canal do Youtube, canal do Professor Paiva, através do QR Code a seguir:

QR CODE

CAPÍTULO 1

IMPORTÂNCIA DO SABER RESOLVER PROBLEMAS

> "O ser humano nunca sabe do que é capaz até ser obrigado a tentar."
>
> *Charles Dickens*

1.1 Conceito de Pensamento Computacional

Há um consenso mundial que precisamos formar profissionais capazes de serem autônomos, éticos e, principalmente, capazes de resolverem os problemas cada vez mais complexos que desafiam a humanidade. Órgãos governamentais, empresas, escolas e sociedade têm buscado soluções para que a formação das novas gerações possa lidar à altura com os desafios que estão por vir.

Uma das iniciativas nesse sentido foi a formulação, pelo Ministério da Educação, da Base **N**acional Comum Curricular (B**N**CC), que visa nortear e padronizar conteúdos no âmbito do ensino básico no Brasil. O site do MEC afirma que:

> "A Base **N**acional Comum Curricular (B**N**CC) é um documento de caráter normativo que define o conjunto orgânico e progressivo de aprendizagens essenciais que todos os alunos devem desenvolver ao longo das etapas e modalidades da Educação Básica, de modo a que tenham assegurados seus direitos de aprendizagem e desenvolvimento, em conformidade com o que preceitua o Plano **N**acional de Educação (P**N**E)" BRASIL(2018).

A BNCC, na seção de Matemática e suas Tecnologias, enfatiza a importância do desenvolvimento do raciocínio computacional, tendo o cuidado de definir o significado desta expressão:

> "Pensamento computacional envolve as capacidades de compreender, analisar, definir, modelar, resolver, comparar e automatizar problemas e suas soluções, de forma metódica e sistemática, por meio do desenvolvimento de algoritmos" BRASIL (2018, p. 474).

Jeanette Wing (2006), uma das maiores autoridades mundiais sobre o uso de tecnologia como ferramenta de aprendizagem, define o Pensamento Computacional (PC) como o processo de reconhecer aspectos da computação no mundo que nos rodeia e aplicar ferramentas e técnicas para entender e raciocinar sobre sistemas e processos naturais, sociais e artificiais.

Ainda segundo Wing, o Pensamento Computacional está estruturado sobre quatro pilares fundamentais:

1. **DECOMPOSIÇÃO:** dividir a questão em problemas menores e, portanto, mais fáceis de resolver;
2. **GENERALIZAÇÃO:** identificar o padrão ou os padrões que geram o problema e/ou levam à sua solução;
3. **ABSTRAÇÃO:** ignorar os detalhes irrelevantes de uma solução de modo que ela possa ser válida para diversos problemas, concentrando-se nos aspectos mais importantes;
4. **ALGORITMO:** estipular as etapas ou sequência de passos para resolver um dado problema.

Vários autores concordam que o Pensamento Computacional pode desenvolver várias habilidades nos alunos que são expostos a atividades dessa natureza, dentre elas:

- Capacidade de reflexão;
- Raciocínio algorítmico e matemático;
- Visão generalista;
- Reconhecimento da importância da análise de dados;
- Capacidade de trabalhar em equipe;
- Enfim, a Habilidade para resolver problemas.

Em suma, a ideia primordial é formar o PE**N**SADOR COMP**U**TACIO**N**AL, que é aquele que domina CO**N**CEITOS e utiliza ABORDAGE**N**S apropriadas para buscar as melhores soluções para os problemas à sua volta, conforme mostra a Figura 1.1:

Figura 1.1 - Fonte: BITTENCOURT (2018)

Perseguindo estes objetivos, a Base Nacional Comum Curricular fez várias referências ao termo "pensamento computacional", especificamente, na parte introdutória do seu Caderno de Matemática:

> Outro aspecto a ser considerado é que a aprendizagem de Álgebra, como também aquelas relacionadas a outros campos da Matemática (Números, Geometria e Probabilidade e Estatística), podem contribuir para o desenvolvimento do pensamento computacional dos alunos, tendo em vista que eles precisam ser capazes de traduzir uma situação dada em outras linguagens, como transformar situações-problema, apresentadas em língua materna, em fórmulas, tabelas e gráficos e vice-versa.

> Associado ao **pensamento computacional**, cumpre salientar a importância dos algoritmos e de seus fluxogramas, que podem ser objetos de estudo nas aulas de Matemática. [...] Outra habilidade relativa à álgebra que mantém estreita relação com o pensamento computacional é a identificação de padrões para se estabelecer generalizações, propriedades e algoritmos. (BRASIL, 2018)

Ressalte-se ainda a importância dada ao tema ela BNCC com a explicitação de competências e habilidades na área de Matemática e suas tecnologias para o ensino básico: desenvolvimento do pensamento computacional, visando à resolução e formulação de problemas em contextos diversos, investigando e registrando, por meio de um fluxograma, quando possível, um algoritmo que resolve um problema BRASIL (2018, p. 537).

Buscando contribuir, a Sociedade Brasileira de Computação (SBC), órgão máximo da área de Computação no Brasil, publicou as suas Diretrizes para ensino de Computação na Educação Básica, ressaltando que o domínio dos conceitos fundamentais da Computação permitirá que estudantes compreendam de forma mais completa o mundo e tenham, consequentemente, maior autonomia, flexibilidade, resiliência, proatividade e criatividade SBC (2017).

A SBC enfatiza essa preocupação com o domínio das técnicas para Resolução de Problemas em suas Diretrizes Curriculares para o ensino na área de Ciência da Computação, SBC (2017), ressaltando as competências para:

- Identificar os problemas que apresentem soluções algorítmicas viáveis;
- Selecionar ou criar algoritmos apropriados para situações particulares;
- Implementar a solução usando programação.

Trabalhar para desenvolver essas habilidades já no ensino fundamental pode fazer muita diferença na vida escolar das nossas crianças.

VÍDEO AULAS DE REVISÃO:

Conceito de Pensamento Computacional:
youtu.be/s5JV86UcnjM

1.2 Estratégias para Resolver Problemas

Já que resolver problemas tem uma importância grande nesse contexto, o que seria um problema?

Podemos apresentar uma definição já clássica de problema, que o identifica como "uma situação que um indivíduo precisa resolver e para a qual não dispõe de um caminho rápido e direto que o leve à solução" (Lester, 1983).

Segundo POLYA (2006), é na problematização que o professor precisa trabalhar de forma significativa para o desenvolvimento da inteligência do aluno, levando-o a pensar e trabalhar na resolução de problemas para que efetivamente aprenda, investigando e construindo o conhecimento.

Mesmo antes da escola, desde cedo, somos desafiados a resolver problemas.

Problemas envolvendo laranjas todo mundo resolveu em algum momento. Veja este aqui disponível no site da GCFGlobal[1]:

> A mãe de José pediu que ele fosse ao mercado para comprar 20 laranjas, mas o menino não observou que a sacola que ele levou estava rasgada. Se ao longo do caminho ele perdeu 7 laranjas, com quantas ele chegou em casa?

TENTE RESOLVER: (Veja a solução na próxima página)

[1]GFC Global - https://edu.gcfglobal.org/pt/somar-e-subtrair/resolvendo-problemas-com-subtracoes/1/

SOLUÇÃO:

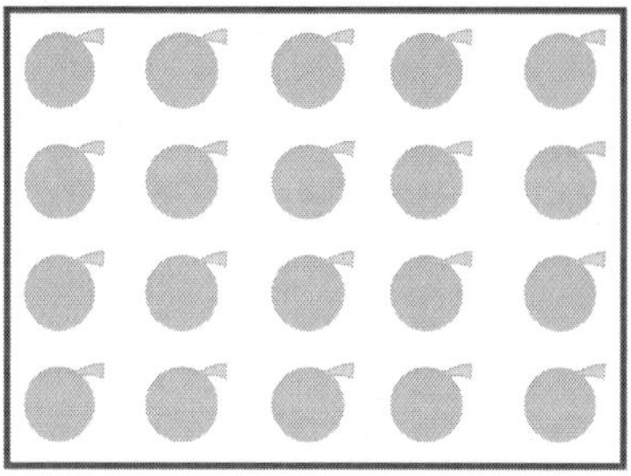

João Tinha 20 laranjas

João perdeu 7 laranjas,
ficou com 13 laranjas!

Outro exemplo clássico é o de problemas com palitos de fósforos, sendo um exemplo o do probleminha "construindo com palitos" proposto pela OBMEP[2]:

> **U**tilizando três palitos de fósforo idênticos podemos formar um triângulo equilátero, basta utilizarmos cada palito como lado. Qual a quantidade máxima de triângulos equiláteros que podemos formar num plano, utilizando exatamente 9 palitos de fósforo idênticos?

TENTE RESOLVER: (Veja a solução na próxima página)

[2]OBMEP – Olimpíada Brasileira de Matemática das Escolas Públicas
http://clubes.obmep.org.br/blog/probleminha-construindo-com-palitos/

SOLUÇÃO:

Com 3 palitos construímos um triângulo equilátero utilizando cada palito como lado. A seguir, sobre cada lado desse triângulo inicial, construímos um novo triângulo equilátero, usando no total 3x2=6 palitos a mais. Perceba que, além dos quatro triângulos equiláteros que possuem lado de um palito, existe um quinto triângulo equilátero maior, tendo como lado dois palitos. Portanto, podemos construir cinco triângulos equiláteros num plano, utilizando exatamente 9 palitos, conforme mostra a figura abaixo:

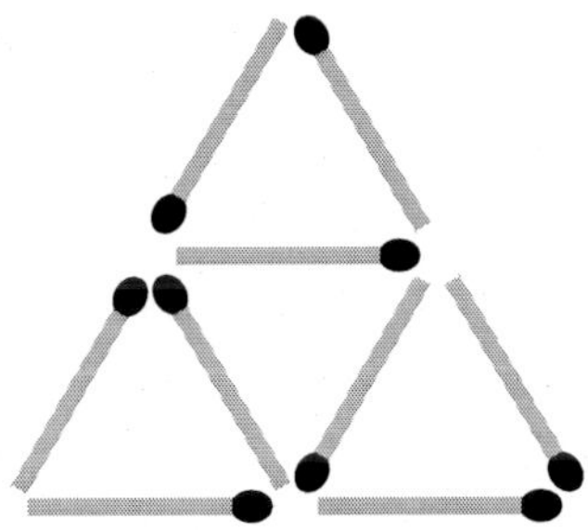

Figura 1.2 - Fonte: http://clubes.obmep.org.br

Você já parou para pensar que existem estratégias diferentes para abordar problemas que podem facilitar a resolução para os mesmos?

Levando em conta o trabalho de POZO (1998), apresentamos algumas estratégias para resolver problemas e suas características mais significativas:

Tabela 1.1 - Resumo das Estratégias de Resolução de Problemas

ESTRATÉGIA	FUNCIONAMENTO
Tentativa e erro	Tentar soluções sucessivas até encontrar uma solução.
Decomposição em subproblemas menores	Dividir o problema em problemas menores e mais simples que possam ser resolvidos individualmente e essas soluções somadas resolvam o problema maior.
Encontrar problemas análogos e conhecidos	A partir desses problemas parecidos e conhecidos, achar uma solução para o problema original.
Metodologia para resolver problemas	Utilização de uma metodologia formal com etapas bem definidas para resolver problemas.

Fonte: Criação Própria

Se você analisar bem, quando você tentou resolver os problemas das laranjas e dos palitos deve ter usado alguma dessas estratégias citadas na Tabela 1.1. Quais foram?

VÍDEO AULAS DE REVISÃO:

Como Você Resolve Problemas?
youtu.be/W1RmGwmeJ**ZU**

Método da Tentativa e Erro
youtu.be/j1utmqeJK74

Decomposição
youtu.be/WLEq_CxTOs8

Abstração
youtu.be/iTEPkO**U**FlYo

Metodologia
youtu.be/xzJn6EgnpBI

Buscando sistematizar uma estratégia para abordar problemas pela ótica do Pensamento Computacional, BITTENCOURT (2018) apresenta um formulário gráfico para formular soluções de problemas através dessa abordagem, conforme mostra a Figura 1.3:

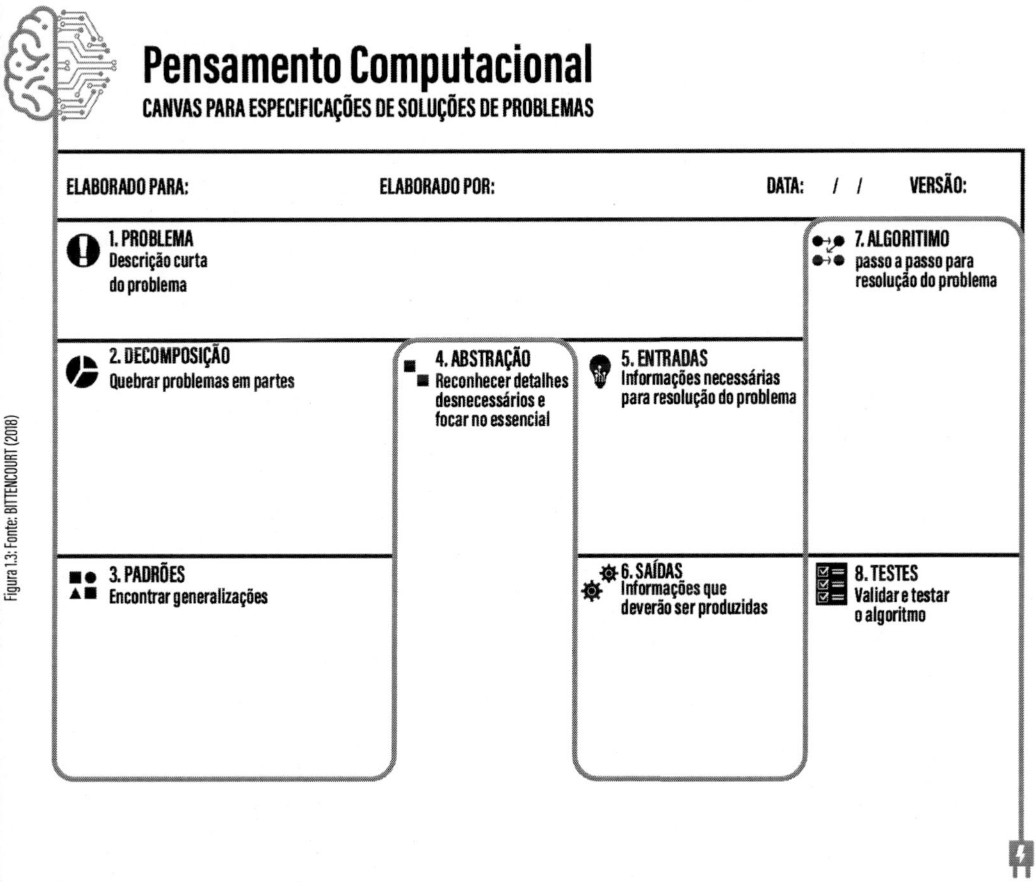

Figura 1.3: Fonte: BITTENCOURT (2018)

No Canvas proposto acima, tem-se espaços apropriados para cada elemento da resolução de zproblemas através do Pensamento Computacional: definição do problema, decomposição, padrões, abstração, entrada, saída, algoritmo etc.

Cabe a quem se propõe a resolver o problema identificar e desenvolver cada um desses elementos no espaço apropriado do Canvas algorítmico para ter uma solução baseada em termos do Pensamento Computacional.

A Figura 1.4 ilustra o formulário sendo utilizado para resolver um problema de otimização para a coleta de lixo de uma cidade:

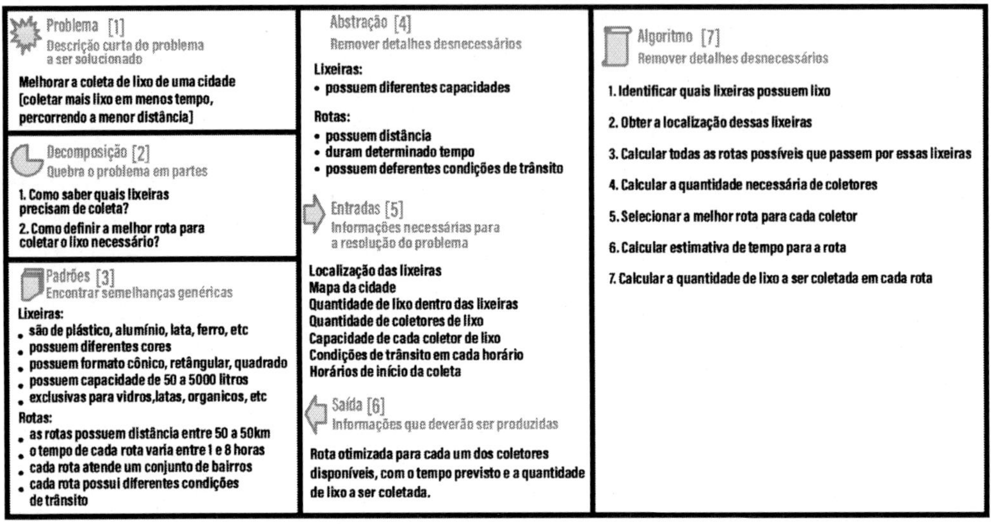

Figura 1.4: Fonte: adaptado de BITTENCOURT (2018)

Observe que nos espaços numerados de **1** a 7, deve-se especificar os pilares do Pensamento Computacional ao buscar solucionar um dado problema:

[**1**] - descreve-se o problema a ser solucionado;
[2] - divide-se o problema original em subproblemas menores;
[3] - são apresentados padrões ou semelhanças entre casos distintos dessa categoria de problema, buscando generalizações;
[4] - busca simplificar o problema, desprezando detalhes desnecessários para a sua solução e focando no que for mais relevante;
[5] - são listadas as entradas que alimentarão a solução;
[6] - apresentam-se as saídas que serão produzidas como respostas às entradas fornecidas;
[7] - detalham-se os passos individuais que resolvem o problema em questão.

Devemos salientar que a solução em si está no item [7], que é o algoritmo que resolve efetivamente o problema. Os demais itens são meros insumos para se chegar ao Algoritmo da solução.

Outrossim, pela análise do Canvas Solução da Figura 1.4, pode-se concluir que o Pensamento Computacional pode ser usado para resolver problemas de naturezas diversas.

Vamos resolver alguns problemas usando a metodologia proposta?

EXERCÍCIOS RESOLVIDOS

R1.01 – A adição de inteiros é trabalhada ao longo dos primeiros anos do Ensino Fundamental I. Como podemos resolver o problema de adicionar dois números inteiros quaisquer?

Problema [1]
Descrição curta do problema a ser solucionado

Calcular a ADIÇÃO de 2 números inteiros

Decomposição [2]
Quebra o problema em partes

1. Saber quais números
2. Calcular a adição
3. Apresentar resultado

Padrões [3]
Encontrar semelhanças genéricas

1. Propriedades da adição

Abstração [4]
Remover detalhes desnecessários

1. Validação das entradas
2. Possíveis estouro capacidade representação
3. Dispositivo a ser usado

Entradas [5]
Informações necessárias para a resolução do problema

N1 - primeiro número
N2 - segundo número

Saída [6]
Informações que deverão ser produzidas

Algoritmo [7]
Remover detalhes desnecessários

1. Ler primeiro número
2. Ler segundo número
3. Adicionar os dois números
4. Apresentar o resultado da adição

R1.02 – João vai ao supermercado comprar laranjas. Dependendo do preço, João compra quantidades variadas e sempre dá para seu irmão Joaquim a metade das laranjas compradas e fica com o restante das laranjas. Como podemos especificar uma solução para que João tenha a informação sobre quantidade de laranjas que vai ficar com ele e com o irmão toda semana?

Problema [1]
Descrição curta do problema a ser solucionado

Dividir as laranjas entre João e Joaquim

Decomposição [2]
Quebra o problema em partes

1. Saber quantidade de laranjas compradas
2. Calcular a divisão
3. Apresentar resultado

Padrões [3]
Encontrar semelhanças genéricas

1. Propriedades da divisão

Abstração [4]
Remover detalhes desnecessários

1. Validação das entrada
2. Possível estouro capacidade representação
3. Dispositivo a ser usado

Entradas [5]
Informações necessárias para a resolução do problema

Q - Quantidade Laranjas

Saída [6]
Informações que deverão ser produzidas

Metade $= \frac{Q}{2}$

Algoritmo [7]
Remover detalhes desnecessários

1. Ler a quantidade de laranjas compradas

2. Calcular a metade das laranjas, dividindo a quantidade por 2 $\left[\frac{Q}{2} \right.$

3. Apresentar resultado
[**João recebe metade**
Joaquim recebe metade

CAPÍTULO 2

ALGORITMOS

> Sonhávamos com essas coisas e agora podemos construí-las. É ótimo.
>
> *Steve Jobs*

2.1 Conceito de Algoritmo

A compreensão do conceito de algoritmo é fundamental para quem se propõe a resolver problemas e mais especificamente, programar computadores. Os algoritmos permitem construir as soluções para os problemas da sociedade.

Ao longo do tempo, vários autores importantes buscaram estabelecer um conceito de algoritmo:

De acordo com KNUTH (1972: 4) é "um conjunto finito de regras que provê uma sequência de operações para resolver um tipo de problema específico".

Já em TREMBLAY (1983: 31), tem-se que um algoritmo é "uma sequência ordenada, e não ambígua, de passos que levam à solução de um dado problema".

CORMEN (2012: 3) define um algoritmo como "uma sequência de etapas computacionais que transformam a entrada na saída".

GERSTING (2017: 10) afirma que "um algoritmo é conjunto de instruções que podem ser executadas mecanicamente em um tempo finito de modo a resolver algum problema".

Pelos conceitos apresentados por estes grandes autores na área da Computação, percebe-se que a essência de um algoritmo está em resolver problemas através da especificação de passos individualizados concluídos em tempo finito.

2.2 Por que Precisamos de Algoritmos?

Esta pergunta pode ser respondida através do ponto de vista de algumas pessoas muito importantes para a Ciência da Computação:

1) segundo KHUTH (1972, p. 1), "a noção de algoritmo é básica para toda a programação de computadores";

2) de acordo com WIRTH (1989, p. 75), "o algoritmo é o conceito central da programação e da ciência da computação".

Como se pode concluir, a importância fundamental do algoritmo está no fato de termos que especificar uma sequência de passos para que o computador possa executar uma tarefa qualquer.

2.3 Características Gerais de um Algoritmo

Segundo KNUTH (1972), todo algoritmo deve apresentar algumas características básicas, como:

- Ter fim, ser finito;
- Não dar margem à dupla interpretação (não ambíguo);
- Ter a capacidade de receber dado(s) de entrada do mundo exterior;
- Poder gerar informações de saída para o mundo externo ao ambiente do algoritmo;
- Ser efetivo, ou seja, todas as etapas especificadas no algoritmo devem ser alcançáveis em um tempo finito.

VÍDEO AULAS DE REVISÃO:

Conceito de Algoritmo:
youtu.be/IZSZEs11ysQ

2.4 Formas de Representação de Algoritmos

Algoritmos podem ser representados, dentre outras maneiras por:

2.4.1 DESCRIÇÃO NARRATIVA

Faz-se uso do português para descrever algoritmos. Um exemplo muito conhecido é a receita de Bolo:

1. Providencie manteiga, ovos, 2 Kg de massa etc;
2. Misture os ingredientes;
3. Despeje a mistura na forma de bolo;
4. Leve a forma ao forno;
5. Espere 20 minutos;
6. Retire a forma do forno;
7. Deixe esfriar;
8. Prove;
9. Sirva.

Outro exemplo pode ser a brincadeira que é comum entre as crianças, que é a de calcular o dobro de um número qualquer:

1. Solicite o número a ser usado para o cálculo do dobro;
2. Calcule o dobro desse número, multiplicando-o por dois;
3. Apresente o resultado calculado que é o dobro do número informado.

FAZENDO UMA AVALIAÇÃO:

Tabela 2.1 – Avaliação da Descrição Narrativa

VANTAGENS	DESVANTAGENS
Formato bastante conhecido	Imprecisão
Exige apenas saber ler para entender	Pouca confiabilidade
Liberdade de expressão	Extenso (escreve-se muito)

2.4.2 FLUXOGRAMA

Segundo Paiva (2015), a utilização de símbolos gráficos para representar algoritmos ajuda a explicitar um algoritmo. No fluxograma existem símbolos padronizados para início, entrada de dados, cálculos, saída de dados, fim etc.

Figura 2.1: Símbolos Gráficos do Fluxograma

EXEMPLO:

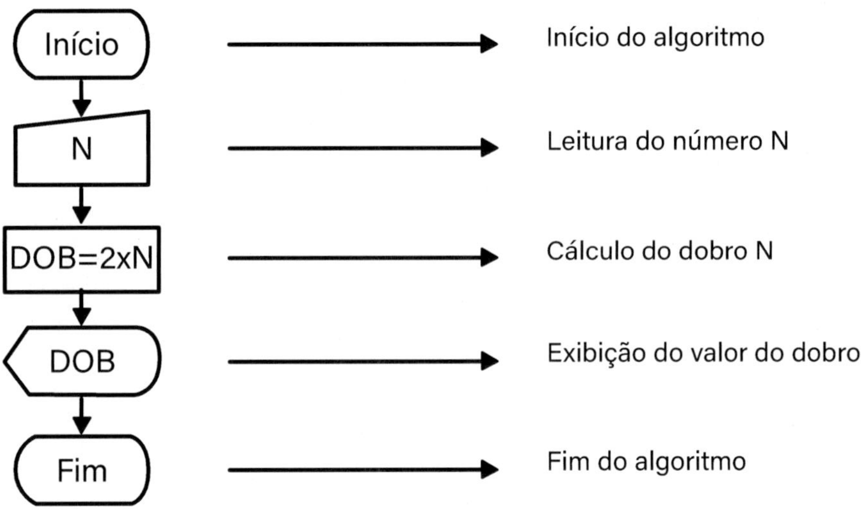

Figura 2.2: Fluxograma exemplo

FAZENDO UMA AVALIAÇÃO:

Tabela 2.2 – Avaliação do Fluxograma

VANTAGENS	DESVANTAGENS
Padrão mundial	Complica-se proporção do tamanho do algoritmo.
Figuras dizem muito	Já determina os dispositivos físicos associados à solução do problema.
Muito conhecido	Pouca atenção aos dados, não permitindo descrevê-los adequadamente.

2.4.3 LINGUAGEM ALGORÍTMICA

Consiste na definição de uma pseudolinguagem de programação, cujos comandos são escritos em português, buscando representar algoritmos. Neste caso, usaremos uma simplificação do Portugol Stúdio da UNIVALI[3]:

EXEMPLO:

```
escreva ("Digite um número: ")
leia (NUM)
DOBRO = 2 * NUM
Escreva ("O dobro é: ",DOBRO)
```

FAZENDO UMA AVALIAÇÃO:

Tabela 2.3 – Avaliação da Linguagem Algorítmica

VANTAGENS	DESVANTAGENS
Independência física da solução (a solução lógica apenas)	Exige a definição de uma linguagem não real para trabalho.
Pode-se definir quais e como os dados vão ser estruturados	Não existe padronização, permitindo a qualquer um definir a sua linguagem.
Usa o português como base	Restringe a liberdade de expressão
Passagem quase imediata do algoritmo para um linguagem de programação qualquer	

[3]http://lite.acad.univali.br/portugol/

2.4.4 DIAGRAMA DE CHAPIN OU DIAGRAMA ESTRUTURADO

É mais uma ferramenta gráfica para a representação de algoritmos. Este diagrama foi criado por Neid Chapin e também é conhecido como diagrama de Nassi-Shneiderman[4]. Veja como seria a representação do algoritmo de cálculo do dobro nessa ferramenta:

EXEMPLO:

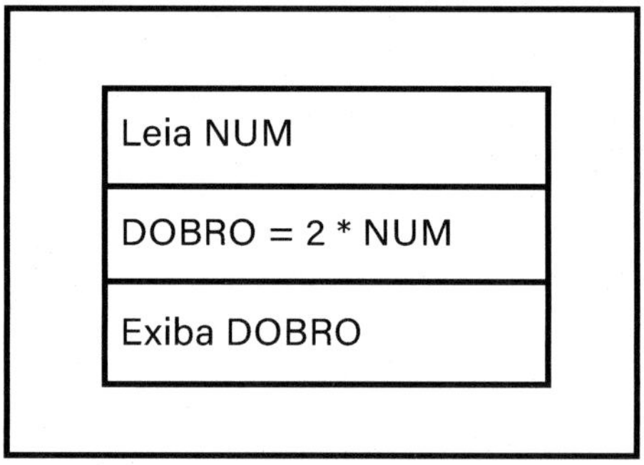

Figura 2.3: Diagrama Estruturado

FAZENDO UMA AVALIAÇÃO:

Tabela 2.4 – Avaliação da Descrição Narrativa

VANTAGENS	DESVANTAGENS
Independência física da solução (a solução é lógica apenas)	Pouca importância na descrição dos dados
Padrão mundial	Pouco conhecido

VÍDEO AULAS DE REVISÃO:

Representações de Algoritmos:
youtu.be/ZNoS3js6wPA

[4]https://www.devmedia.com.br/fluxogramas-diagrama-de-blocos--e-de-chapin-no-desenvolvimento-de-algoritmos/28550

2.5 Um Ambiente para Escrever Algoritmos

Na atualidade, praticamente todos à nossa volta já tiveram contato com um computador, sendo um equipamento bastante conhecido, principalmente a sua visão externa:

Figura 2.4: Visão externa de um computador.

Para desenvolver soluções computacionais, precisamos conhecer também a organização interna dos computadores. Nesse sentido, descreveremos uma máquina hipotética para a qual escreveremos nossos algoritmos. O nosso computador hipotético apresentará a seguinte organização interna:

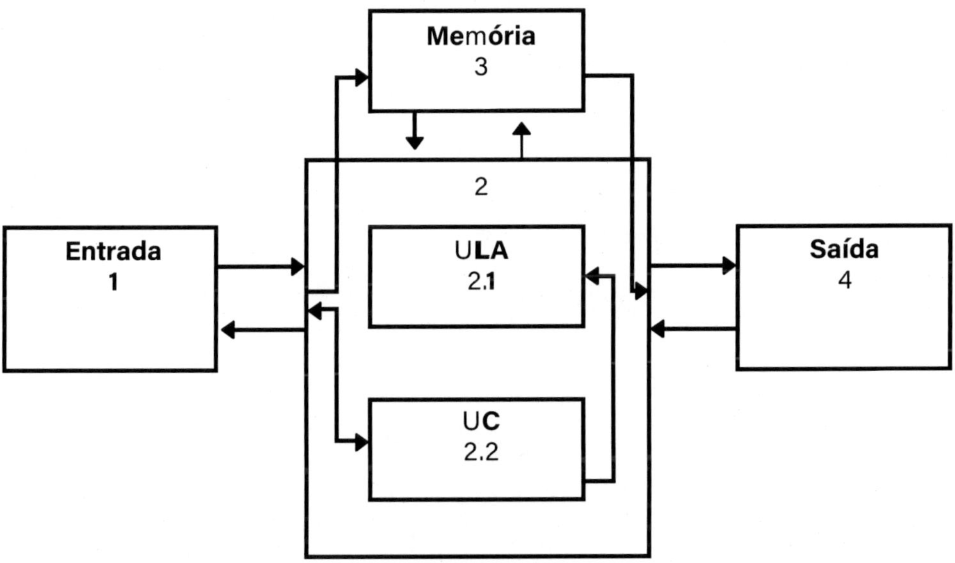

Figura 2.5: Organização Interna Simplificada de um Computador
Fonte: Criação Própria

Segundo Patterson (2009), esse padrão de organização está fundamentado no modelo computacional de "von Neumann-Eckert[5]", onde os dados e programas ficam armazenados na memória e são tratados por instruções do programa para resolver problemas. Cada uma das partes constituintes da Figura 2.5 tem os seguintes significados:

1. Dispositivo de entrada (o teclado é o mais conhecido): é o meio pelo qual os dados que serão trabalhados pelo algoritmo vão ser introduzidos em nosso computador hipotético;

2. UCP - Unidade Central de Processamento: corresponderia ao cérebro do nosso computador, sendo o composta por outros componentes menores:

    2.1.ULA - Unidade Lógica e Aritmética: componente responsável pelas operações matemáticas e avaliações lógicas;

    2.2. UC - Unidade de Controle: parte gerente das demais partes do computador, distribuindo as tarefas às outras unidades e interpretando as instruções do algoritmo;

3. Memória: guarda o algoritmo a ser executado e os dados a serem utilizados pelo mesmo. Todo dado fornecido ao computador e o resultado de suas operações ficam guardados na memória. Um dado armazenado na memória recebe o nome genérico de variável;

4. Dispositivo de Saída (mais comuns são o a tela de vídeo e a impressora): é o meio usado para apresentação dos resultados obtidos, permitindo a comunicação com o usuário.

VÍDEO AU LAS DE REVISÃO:

Máquinas que Computam:
youtu.be/rDCyqDXA3Q8

[5]John Von Neumann e John Adam Presper Eckert Jr - Pesquisadores norte-americanos que formularam a ideia do programa armazenado e participaram dos projetos dos primeiros computadores eletrônicos.

2.5.1 FUNCIONAMENTO DO NOSSO COMPUTADOR

De uma forma simplificada, todos os computadores, independentemente dos seus portes, são conceitualmente semelhantes ao esquema da Figura 2.4.

Resumidamente, podemos afirmar que existem 4 (quatro) operações básicas que qualquer computador pode executar:

A. OPERAÇÕES DE ENTRADA E SAÍDA: ler dados do teclado e escrever dados na tela são exemplos destas operações. Elas servem para introduzir dados na memória do nosso computador e exibir dados que já estejam lá armazenados;

B. OPERAÇÕES ARITMÉTICAS: são utilizadas na realização de operações matemáticas (adição, subtração, multiplicação e divisão, por exemplo);

C. OPERAÇÕES LÓGICAS E RELACIONAIS: têm aplicabilidade em comparações, testes de condições lógicas (2 > 6 ? ou X = Y ?);

D. MOVIMENTAÇÃO DE DADOS ENTRE OS VÁRIOS COMPONENTES DA FIGURA 1.3: as operações aritméticas são executadas na Unidade Lógica e Aritmética, necessitando da transferência dos dados da memória para essa unidade e o retorno do resultado final da operação para ser guardado na memória.

VÍDEO AULAS DE REVISÃO:

Funcionamento do Computador:
youtu.be/j8VmtPEEBPY

2.5.2 RESOLVENDO UM PROBLEMA EM NOSSO COMPUTADOR

Suponha que queiramos resolver o seguinte problema: a partir de dois números que serão informados, calcular a adição dos mesmos. Se você fosse encarregado de efetuar essa tarefa, seria bem provável que utilizasse os passos a seguir:

a. saber quais são os números;
b. calcular a soma dos números;
c. responder à questão com o valor do resultado.

Vejamos como seria resolvido esse mesmo problema em termos das operações básicas citadas anteriormente, decompondo as tarefas A, B e C em termos das operações básicas de um computador:

a**1**. operação de entrada de dados dos números a serem adicionados;
b**1**. movimento do valor dos números entre a memória e a ULA;
b2. operação aritmética de somar os 2 números;
b3. movimentação do resultado da ULA para armazenar na memória;
c**1**. operação de saída do resultado, que está guardado na memória, para o dispositivo de saída desejado.

Deve-se salientar que os passos B**1** e B3 ficam embutidos na operação matemática, não são explicitados na solução do problema.

Em resumo, pode-se dizer que escrever algoritmos ou, em última análise, programar, consiste em dividir qualquer problema em muitos pequenos passos, usando uma ou mais das quatro operações básicas citadas.

Esses passos que compõem o algoritmo são denominados comandos. Os comandos de uma linguagem de programação podem estar mais próximos da máquina (linguagens de baixo nível) ou serem mais facilmente entendidos pelo homem (linguagens de alto nível).

A sequência de operações básicas, dada anteriormente, para resolver o problema de adicionar dois números, está em uma linguagem de baixo nível para o nosso computador hipotético. Em uma linguagem de programação de alto nível teríamos um resultado assim:

a. LEIA (X,Y)
b. SOMA = X + Y
c. ESCREVA (SOMA)

2.6 Linguagem de Programação implementam Algoritmos

O que seria uma linguagem de Programação?

Linguagem de Programação é definida como um método padronizado que expressam instruções para um computador, ou seja, são regras sintáticas e semânticas que definem um programa, isto é, uma sequência de comandos que resolvem um dado problema.

Existem milhares de linguagens de programação, conforme mostra a Figura 2.6, mostrada a seguir:

Figura 2.6 - Fonte: Digitaldev.com.br

2.6.1 NÍVEIS DE LINGUAGEM DE PROGRAMAÇÃO

As linguagens de programação são classificadas em níveis, onde níveis mais baixos estão mais próximos da linguagem interpretada pelo processador e distantes das linguagens naturais.

2.6.2 DIFERENÇA ENTRE OS NÍVEIS DE LINGUAGEM

Com base em Patterson (2009:12), apresentamos as diferenças entre os níveis de linguagens:

1) LINGUAGEM DE ALTO NÍVEL:

PYTHON:

```
def swap (v, k):
        Temp = v[k]
        v[k]  = v [k+1]
        v [k+1] = temp
```

2) LINGUAGEM INTERMEDIÁRIA (DE MONTAGEM):

Assembly MIPS[6]:

Swap:

```
muli   $2, $5, 4
add    $2, $4, $2
lw     $15, 0($2)
lw     $16, 4($2)
sw     $16, 0($2)
sw     $15, 4($2)
jr     $31
```

3) LINGUAGEM DE MÁQUINA (BAIXO NÍVEL) MIPS:

```
001000100011110000011110101110
110000001100010010111101001101
1101100011111100011100000011111
1111100011100000110000011111100
1110000010111100010110010001100
111000111000100010001110001100
000111001001000110001100100011
```

Em resumo, uma linguagem de alto nível é bastante compreensível para os seres humanos porque utiliza palavras da língua inglesa para escrever programas para um computador, enquanto que uma linguagem de baixo nível usa códigos binários que são compreendidos apenas pelos computadores.

Um programa em uma linguagem de alto nível precisa passar por uma tradução para códigos binários e ser executado pelo computador.

[6]Mips – é um padrão de máquinas com conjunto de instruções reduzido, que foi desenvolvido pela Mips Technology.

Dois tipos de programas convertem programas em linguagens de alto nível para programas em linguagem de máquina (baixo nível), sendo este patamar o único que os computadores entendem diretamente. Esses programas tradutores são os interpretadores e os compiladores.

Um interpretador traduz cada linha de um programa de alto nível e o executa imediatamente não gerando uma conversão definitiva. A cada execução, a tradução terá que ser feita novamente. Linguagens tipicamente interpretadas são: Python, Perl, Lua e PHP.

Um compilador faz uma tradução de cada comando do programa da linguagem de alto nível para um código intermediário chamado código objeto, que será convertido em um programa executável (linguagem de máquina) por um outro programa chamado montador. Linguagens tipicamente compiladas são: C, COBOL, C#, C++ e Fortran. A linguagem Java historicamente usa um método híbrido entre interpretação e compilação.

A execução de um programa compilado é mais rápida que um interpretado. Os interpretadores são úteis durante o processo de desenvolvimento e teste dos programas. Segundo SEBESTA (2016), o tempo de execução de um sistema interpretado é de 10 a 100 vezes mais lento do que em métodos compilados.

Devemos registrar que em nosso texto não temos foco em ambientes de desenvolvimento, deixando de apresentar detalhes desses softwares, tais como telas e comandos, deixando para o leitor a escolha desses programas de acordo com a sua preferência e comodidade.

O processo de compilação pode ser representado pela Figura 2.6, mostrada abaixo:

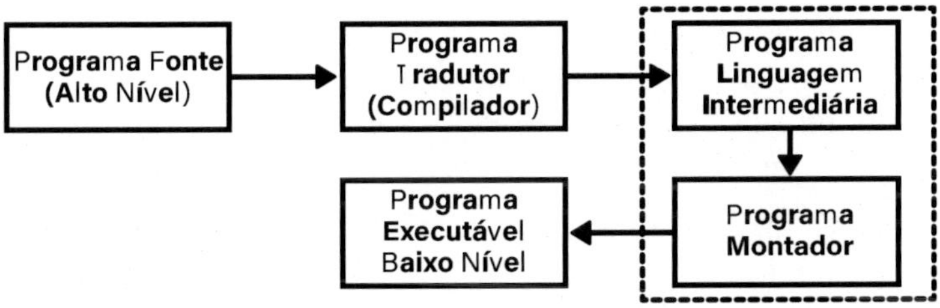

Figura 2.6: Processo de tradução via compilação.

VÍDEO AULAS DE REVISÃO:

Linguagens de Programação:
youtu.be/y22vOe9Gn0g

EXERCÍCIOS PROPOSTOS

P**2.01 -** Conceitue algoritmo utilizando as suas próprias palavras.

P**2.02 -** Na sua opinião, por que os algoritmos são tão importantes?

P**2.03 -** De acordo com o seu entendimento, qual é a característica mais importante em um algoritmo? Justifique sua resposta.

P**2.04 -** Defina as formas básicas de descrever algoritmos.

P**2.05 -** Aponte desvantagens adicionais, se houver, para a linguagem algorítmica.

P**2.06 -** Suponha que temos um robô à nossa disposição. Este robô chama-se ZÉ e precisa ser ensinado a fazer determinadas tarefas. Para ensinar ao ZÉ, vamos fazer uso do português para passar-lhe as instruções necessárias à execução de cada atividade. Escreva os passos necessários para o nosso robô executar:

a. encher uma bacia com água.
b. lavar um carro.
c. fazer faxina em uma determinada casa.
d. trocar o pneu de um carro.
e. calcular a idade de alguém daqui a 20 anos.
f. trocar uma lâmpada no teto de sua casa.
g. calcular a média de um aluno com três notas.
h. resolver uma equação do segundo grau.

P**2.07 -** Explique, com suas próprias palavras, o funcionamento do nosso computador hipotético.

P**2.08 -** Represente a solução do problema P**1**.06 (e) na forma de um fluxograma.

P**2.09 -** Represente a solução do problema P**1**.06 (g) no diagrama de Chapin.

P**2.10 -** Compare as duas soluções anteriores. Qual a mais interessante?

P**2.11 -** Assinale V (Verdadeiro) e F (Falso) para cada uma das afirmativas a seguir:

a. ( ) Um mesmo algoritmo pode ser representado de várias formas diferentes.

b. ( ) Cada comando de um algoritmo precisa ser traduzido pela Unidade de Controle para que possa ser executado.
c. ( ) Cada linguagem algorítmica recebe características próprias de quem a projetou.
d. ( ) Os dados digitados pelo usuário ficam armazenados no dispositivo de entrada.
e. ( ) Os cálculos matemáticos são realizados na Unidade de Controle.
f. ( ) As linguagens de alto nível são mais facilmente compreendidas pelos seres humanos.
g. ( ) A impressora e a tela de vídeo são exemplos de dispositivos de saída.
h. ( ) O teclado é um dispositivo de entrada porque permite dar (digitar) valor a uma variável na memória.
i. ( ) Todo algoritmo deve terminar em um tempo finito.
j. ( ) A ideia de algoritmo é muito anterior ao surgimento do computador.
k. ( ) Todos os dados a serem processados em um algoritmo devem estar na memória.
l. ( ) Toda entrada de dados deve ser feita via uma variável.
m. ( ) Em um fluxograma, o retângulo representa uma decisão a ser tomada.

P2.12 - **(Enade 2008 - Computação)** Qual tipo de software tradutor deve ser utilizado para programas em geral, quando a velocidade de execução é uma exigência de alta prioridade?

a. Compiladores
b. interpretadores
c. Tradutores Híbridos
d. macroprocessadores
e. interpretadores de macroinstruções

P2.13 - **(FGV - 2018 - AL-RO - Analista Legislativo - Tecnologia da Informação - Infraestrutura de Redes e Comunicação)** - Assinale a opção que apresenta a lista que contém apenas as linguagens de programação que são primordialmente interpretadas em suas respectivas implementações.

a. Perl, PHP, Python.
b. C, Pascal, Java.
c. C++, JavaScript, Fortran.
d. C, Python.
e. C++, Java.

CAPÍTULO 3

CARACTERIZANDO UMA LINGUAGEM ALGORÍTMICA

> Não há nada como um sonho
> para criar o futuro.
>
> *Vitor Hugo*

Adotaremos uma linguagem algorítmica simples para representar as soluções dos nossos primeiros problemas.

Os comandos de um algoritmo fazem parte de uma sequência, onde é relevante a ordem na qual se encontram os mesmos, pois serão executados um de cada vez, estritamente, de acordo com essa ordem. De uma forma genérica, poderíamos expressar uma sequência da seguinte maneira:

Comando^1

Comando^2

Comando^3

:

:

Comando^n

Tem-se uma sequenciarão de **n** comandos na qual os comandos serão executados na ordem em que aparecem, isto é, o comando de ordem **i+1** só será executado após a execução da instrução de ordem **i**, isto é, o terceiro comando só será executado após o segundo.

A sequenciarão é aplicada quando a solução do problema pode ser decomposta em passos individuais um após o outro. Todo algoritmo é uma sequência.

A estrutura geral de um algoritmo em nossa linguagem é a seguinte:

<comando1>

<comando2>

...

...

<comandon>

Os tipos de dados básicos ou primitivos possíveis em nossa linguagem algorítmica são:

Inteiro - valores numéricos sem casas decimais, por exemplo: 5; 7 ; 32000.

Real - valores numéricos com casas decimais: 32,45 ou 32.45;

Cadeia - sequência de caracteres dentre os disponíveis no seu teclado: 'Olá' , 'Severino Paiva', '*&^%$#@'

Posteriormente, abordaremos mais alguns tipos que podem ser gerados a partir destes dados primitivos.

Um exemplo é o algoritmo a seguir, que resolve o problema de adicionar dois números, que foi resolvido anteriormente:

```
leia(X)
leia (Y)
SOMA = X + Y
escreva (SOMA)
```

Entende-se por sintaxe as regras de escrita dos algoritmos em uma linguagem. Vamos formalizar a nossa sintaxe?

3.1 Comandos Básicos

3.1.1 ATRIBUIÇÃO

O comando de atribuição é o comando utilizado para guardar um determinado valor em uma variável.

FORMATO GERAL:

<VARIÁVEL-1> = [<VARIÁVEL-2> =] <EXPRESSÃO>

EXEMPLOS:

1. TOTAL = 0
2. SOMA = SOMA + 1
3. MENSAGEM = 'ERRO DE DIGITACAO'

EXPLICAÇÕES:

1. A variável TOTAL vai receber o valor 0 (zero)
2. A variável SOMA receberá seu valor anterior acrescido de mais uma unidade
3. A variável MENSAGEM receberá a expressão 'ERRO DE DIGITACAO'

Observe que os operadores matemáticos da adição e subtração são semelhantes aos que você aprendeu na escola (Adição: + ; Subtração: -). Os operadores para multiplicação e divisão são um pouco diferentes: Multiplicação: * e divisão: /). Assim, a operação "**3x4**" é escrita como **3*4**. E analogamente, "**4 ÷ 2**" é expresso como **4/2**.

3.1.2 ENTRADA DE DADOS

FORMATO GERAL:

LEIA(<LISTA-VARIÁVEIS>)

EXEMPLOS:

1. LEIA (IDADE)
2. LEIA (SALARIO, FALTAS)
3. LEIA (X,Y,Z)

EXPLICAÇÕES:

1. A variável IDADE vai receber o valor digitado pelo teclado;
2. Serão digitados valores para as variáveis SALARIO e FALTAS nesta ordem;
3. Serão solicitados valores para as variáveis X, Y e Z, respectivamente.

3.1.3 COMANDO DE SAÍDA

FORMATO GERAL:

ESCREVA (<LISTA-DE-SAÍDA>)

EXEMPLOS:

1. ESCREVA (IDADE)
2. ESCREVA (SALARIO, FALTAS)
3. ESCREVA ("O NOME DIGITADO FOI: ", NOME)

EXPLICAÇÕES:

1. A variável IDADE será exibida no dispositivo de saída;
2. Serão exibidos os valores das variáveis SALARIO E FALTAS nesta ordem;
3. Serão exibidas na tela do computador hipotético a mensagem O NOME DIGITADO FOI: seguido do conteúdo que está armazenado na variável NOME.

VÍDEO AU LAS DE REVISÃO:

Comandos Básicos:
youtu.be/nUuuVMhVUB0

EXERCÍCIOS PROPOSTOS

P**3.01** - Qual é a finalidade do comando de atribuição?

P**3.02** - Suponha a seguinte sequência de atribuições e determine o valor final da variável W:

a. Y = 10; Z = Y + 4; W = Y; W = Z x 2; W = Y W = _______

b. W = 0; Y = 5; Z = Y – 2; W = Y + Z W = _______

P**3.03** - Compare os comandos leia e escreva.

P**3.04** - Escreva na tela do computador abaixo os efeitos da seguinte sequência de comandos:

Escreva ('OI')
Leia (NUM)
Escreva (NUM)

P**3.05** - Considerando os valores finais das variáveis do problema P2.02 letra a, indique o resultado final dos comandos de saída a seguir:

SAÍDA

a. escreva (Z, Y, W) ______________________

b. escreva (Y, W, Z) ______________________

c. escreva (W, Z, Y) ______________________

P3.06 - De acordo com o algoritmo a seguir, os valores finais das variáveis N1, N2 e N3, respectivamente, serão:

N1 = 1
N2 = 2 + 2 * N1
N1 = N2 + 1
N3 = N2 + 2

a. 1, 2 e 3
b. 5, 3 e 6
c. 1, 4 e 6
d. 5, 4 e 6
e. 6, 4 e 5

P3.07 - Assinale V (Verdadeiro) e F (Falso) para as seguintes afirmativas:

a. ( ) A atribuição é um comando destrutivo na medida em que "apaga" o valor anterior da variável.
b. ( ) O comando escreva gera uma saída no dispositivo de entrada.
c. ( ) O comando leia permite que uma variável receba um valor digitado pelo teclado.
d. ( ) Um comando de saída, escreva, pode exibir várias variáveis.
e. ( ) A atribuição X = X + 1 não tem sentido do ponto de vista matemático.
f. ( ) A ordem das atribuições não interfere no valor final das variáveis.
g. ( ) A única forma de dar valor a uma variável é através de uma operação de entrada.
h. ( ) Em um único comando de entrada podem ser lidas várias variáveis.
i. ( ) A sequência dos comandos dentro de um algoritmo não é relevante.
j. ( ) Suponha que **A**, B e **C** são comandos de um algoritmo. O algoritmo **A**, B, **C** é sempre igual ao algoritmo **C**, B, **A**, pois eles são compostos pelos mesmos comandos independentemente da ordem.

CAPÍTULO 4

COMO RESOLVER PROBLEMAS USANDO PENSAMENTO COMPUTACIONAL E ALGORITMOS

> "O que você herdou dos seus pais deve ganhá-lo de novo a pulso, ou não será seu."
>
> *Goethe*

Com a importância que a informática adquiriu em nossas vidas nos últimos anos, como também com a complexidade crescente dos desafios a solucionar, precisamos de mais formalismo quando estamos resolvendo **problemas computacionais**. Nesse sentido, é conveniente apresentarmos o conceito de **metodologia**.

4.1 Uma Metodologia para Resolver Problemas Algorítmicos

A maioria das pessoas resolve problemas através do "método" da tentativa e erro, mas quando se quer **programar computadores** essa não é a técnica mais apropriada, sentindo-se a necessidade de fazer uso de uma **metodologia**.

Uma **metodologia** é um conjunto de técnicas, métodos e ferramentas utilizadas de forma racional e sequenciada. Vamos apresentar uma metodologia para resolver problemas algorítmicos, com base no Canvas de Bittencourt (2018), apresentado na Figura 1.2, que reproduzimos a seguir:

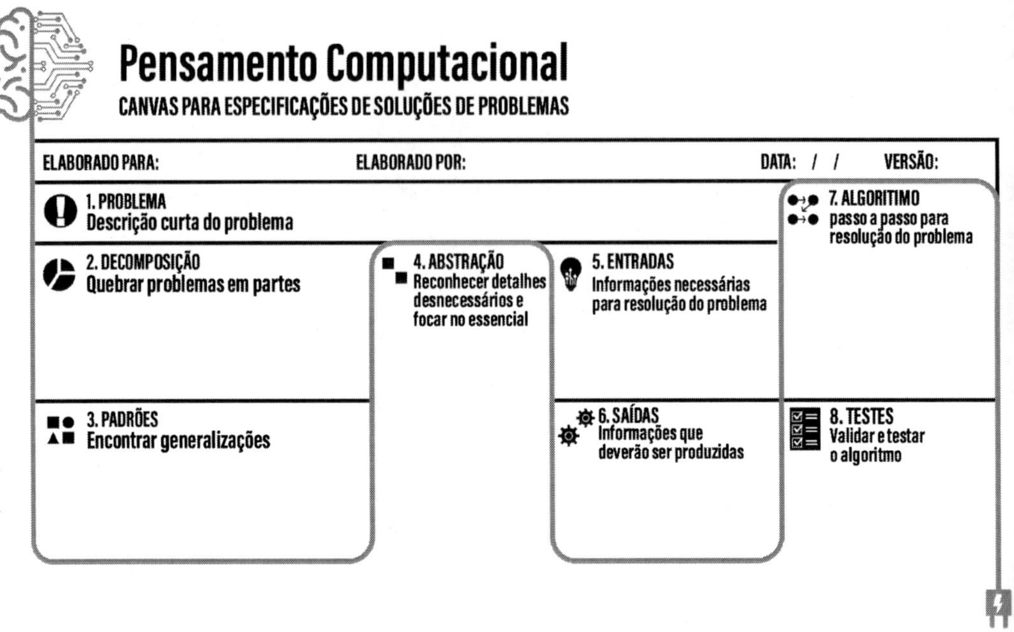

Fonte: adaptado a partir de Bittencourt(2018)

A metodologia está estruturada em 8 passos, conforme a numeração do Canvas acima:

1. Entender o problema. Não se pode querer resolver um problema que não foi inteiramente compreendido. Leia a especificação do problema, sublinhando o que for importante. Faça anotações, desenhos, construa uma tabela associando entradas e suas respectivas saídas, se julgar necessário. Escreva uma descrição do problema no quadro de número <**1**>;

2. Decomponha o problema original em problemas menores, que você acredita ter condição de poder resolver. Associe uma frase com um verbo "solucionador" para cada subproblema de tal forma que expresse uma etapa da solução do problema original, usando frases do português para expressar essa solução. Podem ser exemplos dessa etapa:

2.1. ler dados de entrada;
2.2. calcular resultado final;
2.3. exibir resultados.

Preencha o quadro <2> com as etapas da decomposição.

3. Identifique generalizações que representem padrões para este tipo de problema

4. Procure focar nas características essenciais do problema, desprezando tudo o que não tiver relevância para a solução do mesmo, construindo uma **abstração** do problema original;

5. Identifique e documente as possíveis entradas que servirão de alimentação para a resolução do problema. Descreva-as no quadro <5>, possivelmente associando um nome e um tipo de dado para cada uma. Na implementação futura em termos de uma linguagem de programação os dados de entrada serão variáveis dentro desse programa;

6. Identifique e documente as saídas que serão produzidas a partir da(s) entrada(s) descritas no passo <5>. Descreva-as no quadro <6>, possivelmente associando um nome e um tipo de dado para cada uma. Na implementação futura em termos de uma linguagem de programação as saídas também podem ser variáveis dentro desse programa;

7. A partir das etapas da decomposição elaboradas no passo <2>, detalhe os passos do algoritmo que vai resolver o problema;

8. Sentindo que o algoritmo está detalhado adequadamente, simule a execução do algoritmo, utilizando os dados de entrada, calculando a(s) saída(s) que deve(m) ser produzida(s) de tal forma a verificar se elas estão de acordo com os resultados esperados. Execute o algoritmo algumas vezes para garantir que ele está correto.

4.2 Aplicação da Metodologia

Vamos ilustrar a utilização da metodologia vista anteriormente na resolução de problemas.

Problema A: **Calcular a adição de 3 números informados pelo teclado.**

SOLUÇÃO:

Problema [1] Descrição curta do problema a ser solucionado **Calcular a ADIÇÃO de 3 números quaisquer**	**Abstração [4]** Remover detalhes desnecessários **1. Validação das entradas** **2. Dispositivo usado**	**Algoritmo [7]** Remover detalhes desnecessários **1. Leia (N1)** **2. Leia (N2)** **3. Leia (N3)** **4. S=N1+N2+N3** **5. Escreva (S)**
Decomposição [2] Quebra o problema em partes **1. Ler primeiro número;** **2. Ler segundo número;** **3. Ler terceiro número;** **4. Calcular a adição dos 3 números;** **5. Exibir o resultado.**	**Entradas [5]** Informações necessárias para a resolução do problema **N1 - primeiro número;** **N2 - segundo número;** **N3 - terceiro número.**	
Padrões [3] Encontrar semelhanças genéricas **Propriedades da adição**	**Saída [6]** Informações que deverão ser produzidas **S=N1+N2+N3**	

TESTE:

1) N1= 2; N2=3; N3 =4; S = 2 + 3 + 4 = **9**
2) N1 = **9**; N2 = 0; N3 = 5; S = **9** + 0 + 5 = 14
3) N1 = **-1**; N2 = 5; N3 = 7; S = **-1** + 5 + 7 = **11**

Problema B: **A partir de um valor do raio dado, calcular a área do círculo.**

Fórmula: $A = \pi \times R^2$, considerando π igual a 3,14, temos $A = 3{,}14 \times R^2$.

SOLUÇÃO:

Problema [1] Descrição curta do problema a ser solucionado **Calcular a área de um círculo**	**Abstração [4]** Remover detalhes desnecessários **1. Validação entrada** **2. Usar π=3,14**	**Algoritmo [7]** Remover detalhes desnecessários **1. Leia (R)** **2. A=3.14*R**2** **3. Escreva (A)**
Decomposição [2] Quebra o problema em partes **1. Ler o Raio** **2. Calcular a área** **3. Exibir resultado**	**Entradas [5]** Informações necessárias para a resolução do problema **Valor do raio (R)**	
Padrões [3] Encontrar semelhanças genéricas **Fórmula: $A=\pi R^2$** 	**Saída [6]** Informações que deverão ser produzidas **Valor da área (A)**	

TESTE:

R = 2; A = 3.14 * (2**2) = 3.14 * 4 = **12**.56
R = 3; A = 3.14 * (3**2) = 3.14 * **9** = 28.26
R = 4; A = 3.14 * (4**2) = 3.14 * **16** = 50.24

EXERCÍCIOS RESOLVIDOS

R4.01 - Desenvolva uma solução que leia um número inteiro pelo teclado e exiba o seu sucessor.

SOLUÇÃO:

Problema [1] Descrição curta do problema a ser solucionado **Determinar o sucesso de um número**	**Abstração [4]** Remover detalhes desnecessários **1. Validação de entrada** **2. Trabalhar com inteiros**	**Algoritmo [7]** Remover detalhes desnecessários **1. Leia (N)** **2. Suc=N+1** **3. Escreva (Suc)**
Decomposição [2] Quebra o problema em partes **1. Ler o número** **2. Determinar o sucessor** **3. Apresentar o sucessor**	**Entradas [5]** Informações necessárias para a resolução do problema **N - Número inteiro**	
Padrões [3] Encontrar semelhanças genéricas **O sucessor de um número N é ele acrescido de 1: Suc+N+1**	**Saída [6]** Informações que deverão ser produzidas **Suc+N+1**	

TESTE:

N = 5; Suc = 5 + **1**; Suc = 6
N = **-1**; Suc = **-1** + **1** = 0
N = **99**; Suc = **99** + **1**= **1**00

R4.02 - Desenvolva uma solução para calcular a área de um quadrado de lado L.

SOLUÇÃO:

Problema [1] Descrição curta do problema a ser solucionado **Calcular a área de um quadrado de lado L**	Abstração [4] Remover detalhes desnecessários **1. Validação da entrada** **2. Estouro de capacidade**	Algoritmo [7] Remover detalhes desnecessários **Leia (L)** **A=L**2** **Escreva (A)**
Decomposição [2] Quebra o problema em partes **1. Obter o valor do lado L;** **2. Calcular a área do Quadrado;** **3. Exibir a área.**	Entradas [5] Informações necessárias para a resolução do problema **L - Valor do lado do quadrado (inteiro)**	
Padrões [3] Encontrar semelhanças genéricas **A=L**2** (quadrado de lado L)	Saída [6] Informações que deverão ser produzidas **A - Área Quadrado - Inteiro**	

TESTE:

L = 2; A = 2 * 2 = 4
L = 3; A = 3 * 3 = **9**
L = 5; A = 5 * 5 = 25

R4.03 - Escreva um ALGORITMO que exiba na tela a mensagem: **ESTOU APRENDENDO A PROGRAMAR**.

SOLUÇÃO:

Problema [1] Descrição curta do problema a ser solucionado **Exibir uma mensagem**	Abstração [4] Remover detalhes desnecessários **1. Dimensões do dispositivo de saída**	Algoritmo [7] Remover detalhes desnecessários **Escreva ("ESTOU APRENDENDO A PROGRAMAR")**
Decomposição [2] Quebra o problema em partes **1. Exibir mensagem**	Entradas [5] Informações necessárias para a resolução do problema **Nenhuma**	
Padrões [3] Encontrar semelhanças genéricas **1. Usar dispositivo de saída**	Saída [6] Informações que deverão ser produzidas **ESTOU APRENDENDO A PROGRAMAR**	

VÍDEO AULAS DE REVISÃO:

Metodologia:
youtu.be/X5H_P6jfSsA

Resolução de Problema:
youtu.be/Jsomr9H9rvU

Resolução de Problema:
youtu.be/7d-bGI3MEgo

EXERCÍCIOS PROPOSTOS

Resolva cada um dos problemas a seguir utilizando a metodologia sugerida neste capítulo:

PROBLEMAS DE ADIÇÃO / SUBTRAÇÃO

Voltados para trabalhar preferencialmente as Competências/Habilidades BNCC: EF01MA06 e EF01MA08, EF02MA05,EF02MA06, EF02MA07, EF02MA08, EF02MA07, EF02MA08, EF03MA05, EF03MA06, EF04MA03, EF04MA04, EF05MA07, EF06MA03.

P4.02 - Usando o COMPMAT, determine o resultado da adição entre 2 (dois) números quaisquer. Peça a um aluno que entre com os números, selecione a operação de adição e ponha o COMPMAT para resolver.

P4.03 - Usando o COMPMAT, determine o resultado da subtração entre 2 (dois) números quaisquer, conforme foi feito na adição.

P4.04 - Oriente o COMPMAT a resolver um problema que adiciona a idade de um(a) aluno(a) com a idade do seu pai. Execute o algoritmo para um mínimo de 3 alunos.

P4.05 - Escreva um algoritmo que resolva o problema de calcular a idade de uma pessoa a partir da informação dos anos de nascimento e do ano atual.

P4.06 - Escreva um algoritmo que resolva o problema de determinar o total de alunos do FUNDAMENTAL I com a informação das quantidades de alunos nas turmas de 1º., 2º., 3º., 4º. e 5º. anos.

P4.07 - Uma empresa controla o estoque de um determinado material usando a seguinte fórmula: **SDOATU = SDOANT + ENTRADAS - SAÍDAS**, onde SDOATU é o saldo em estoque atual; SDOANT é o estoque no fim do mês anterior; ENTRADAS é a quantidade que foi comprada no mês e SAÍDAS é a quantidade vendida ou utilizada desse produto. Escreva um algoritmo que calcula o estoque atual de um produto com base nessas informações.

P4.08 - Escreva um algoritmo que calcula a renda familiar de sua família. Observando que renda familiar é a soma dos salários de todos os membros de uma família.

P4.09 - Resolva o problema de calcular o somatório de N números quaisquer.

P4.10 - Resolva o problema de determinar a soma das idades dos alunos da turma.

PROBLEMAS DE MULTIPLICAÇÃO / DIVISÃO

Voltados para trabalhar preferencialmente as Competências/Habilidades BNCC: EF02MA07, EF02MA08, EF03MA07, EF03MA08, EF03MA09, EF04MA05, EF04MA06, EF04MA07, EF04MA09, EF05MA08,EF05MA20, EF06MA03.

P4.11 - João quer saber quantas horas ele estudou em um determinado dia. Escreva um algoritmo para o COMPMAT calcular quantas horas ele estudou a partir da hora em que ele começou a estudar e a hora em que terminou os estudos.

P4.12 - O troco no comércio é o valor que o comerciante devolve ao cliente quando recebe um valor maior do que o total das compras. Especifique a solução para determinar o troco de uma compra sabendo o valor das compras e o valor entregue pelo cliente.

P**4.13** - Escreva um algoritmo que Resolva o problema de determinar o resultado da multiplicação entre 2 (dois) números quaisquer.

P**4.14** - Escreva um algoritmo que Resolva o problema o dobro de um número qualquer escolhido pelos alunos.

P**4.15** - Faça o mesmo para o triplo.

P**4.16** - Determine o resultado da divisão inteira entre 2 (dois) números quaisquer.

P**4.17** - Resolva o problema de determinar a metade de um número informado pelos alunos.

P**4.18** - Proponha um algoritmo para calcular a média aritmética entre dois números informados pelos alunos.

P**4.19** - Resolva o problema de determinar a média aritmética entre 2 (dois) números quaisquer.

P**4.20** - Resolva o problema de determinar a média aritmética de três números informados pelos alunos.

P**4.21** - Resolva o problema de determinar a média aritmética entre 3 (três) números quaisquer.

P**4.22** - Escreva um algoritmo que calcula a renda percapita de sua família. Observe que renda percapita é o resultado da soma da renda de todos os membros da família dividida pelo total de pessoas da família.

P**4.23** - Resolva o problema de calcular o produtório de N números quaisquer.

P**4.24** - Resolva o problema de determinar a média das idades da sua turma.

PROBLEMAS SOBRE TEMPERATURA

Voltados para as seguintes Competências / Habilidades na BNCC: EF04MA03, EF04MA04, EF04MA05, EF04MA06, EF04MA07, EF04MA09, EF04MA22, EF04MA23, EF05MA07, EF05MA08, EF05MA19.

P**4.25** - Existem 3 escalas de temperaturas: Kelvin (K), Celsius (C) e Fahrenheit (F). No Brasil, usamos a escala Celsius e nos Estados Unidos, a Fahrenheit. Escreva um algoritmo que converte uma temperatura em Fahrenheit para Celsius.

P4.26 - Escreva um algoritmo que converte uma temperatura em Kelvin para Celsius.

P4.27 - Escreva um algoritmo que calcula a temperatura média de uma semana na sua cidade.

P4.28 - Escreva um algoritmo que calcule a temperatura média de um a ano a partir do fornecimento das temperaturas médias mensais naquele ano.

P4.29 - Em tempos de pandemia como a COVID19, faz-se necessário avaliar a temperatura corporal para determinar se o indivíduo está contaminado ou não. Escreva um algoritmo que informa se uma pessoa está com temperatura normal, em estado febril ou com febre alta. Para efeito de avaliação, considere temperatura normal até 37,5 graus, estado febril maior que 37,5 e menor que 39 graus e febre alta se a temperatura for superior a 39 graus.

P4.30 - Escreva um algoritmo que determina, com base na temperatura média anual em 3 cidades estudadas, qual delas é a mais fria e qual a mais quente entre elas.

P4.31 - Ao final do dia o hospital municipal da sua cidade calcula a temperatura média de cada paciente com base na temperatura medida ela manhã, à tarde e à noite. Essa medida serve para avaliar a evolução do paciente. Escreva um algoritmo que resolve esse problema.

P4.32 - A temperatura média em uma sala de aula é o resultado da diferença entre a temperatura (frieza) gerada pelo aparelho de ar condicionado e o calor gerado pelas luminárias na sala e o calor corpóreo de cada aluno. Suponha que cada lâmpada na sala contribui para elevar a temperatura em 1^{0}.C e cada aluno eleva a temperatura em 2^{0}.C. Escreva um algoritmo para resolver este problema e determinar a temperatura final de uma sala de aula.

PROBLEMAS SOBRE GEOMETRIA PLANA

Voltados para trabalhar preferencialmente as Competências/Habilidades BNCC: EF05MA08, EF05MA20, EF07MA31, EF07MA32, EF07MA33, EF08MA19, EF09MA05.

P4.33 - Escreva um algoritmo para calcular a área de um quadrado qualquer de lado **L**.

P4.34 - João é corretor de imóveis especializado em vender terrenos mas tem um problema sério com cálculos matemáticos. Todas as vezes em que ele visita um terreno precisa calcular a área do mesmo. Normalmente esses terrenos são retângulos. Escreva um algoritmo para resolver o problema de calcular a área dos terrenos e determinar um preço de venda em função do preço do metro quadrado dos terrenos no bairro, conforme uma tabela que o CRECI fornece a todos os corretores.

P**4.35** - A empresa ABC fabrica lonas no formato de círculos para servirem de tendas circulares para uso em eventos. Acontece que nem todos os funcionários da produção sabem calcular a quantidade de couro a ser usado no processo. Escreva um algoritmo para calcular a área de figuras circulares a partir da informação do seu raio R.

P**4.36** - Escreva um algoritmo para calcular a área de um losango.

P**4.37** - Escreva um algoritmo para calcular a área de um paralelogramo.

P**4.38** - Escreva um algoritmo para calcular a área de um trapézio.

P**4.39** - Escreva um algoritmo para calcular a área de um triângulo isósceles, sabendo-se apenas o valor do lado, que deverá ser informado pelo teclado.

P**4.40** - Escreva um algoritmo que calcula a área de um triângulo retângulo a partir da informação do sua base e altura.

P**4.41** - Escreva um algoritmo para calcular a área de um triângulo a partir da informação dos seus lados. Use a fórmula de Herão.

P**4.42** - Escreva um algoritmo para calcular a área de um triângulo sendo fornecidos dois lados e o ângulo formado por eles.

P**4.43** - Com a pandemia da COVID**19**, os promotores de eventos precisam obedecer a determinadas regras para eventos públicos. Na prefeitura de João Pessoa foi determinado que são necessários 2 metros quadrados de área para cada pessoa que vá participar desse tipo de evento. Um promotor de shows que um algoritmo no qual ele informe a quantidade de pessoas pretendidas no evento e seja apresentada a área mínima necessária para a liberação da realização do seu evento.

P**4.44** - Escreva um algoritmo que calcula o perímetro de um quadrado a partir do fornecimento da sua área.

PROBLEMAS SOBRE MEDIDAS DE COMPRIMENTO

Voltados para trabalhar preferencialmente as Competências/Habilidades BNCC: EF01 MA06, EF01MA08, EF01MA15, EF02MA05,EF02MA06, EF02MA07, EF02MA08,

EF02MA16, EF03MA05, EF03MA06, EF03MA07, EF03MA08, EF03MA19, EF04MA03, EF04MA04, EF04MA05, EF04MA06, EF04MA07, EF04MA09, EF04MA20, EF05MA07, EF05MA08, EF05MA19, EF06MA24.

P**4.45** - Escreva um algoritmo que determina quem é a mais alta entre duas pessoas.

P**4.46** - Escreva um algoritmo que diz quem é a mais baixa entre 3 pessoas.

P**4.47** - A BR **101** liga João Pessoa a Recife. Sabendo que João Pessoa está no KM **10** e Recife no KM **135**, faça um algoritmo para o COMPMAT calcular a distância entre as duas cidades.

P**4.48** - Generalize a solução anterior para calcular as distâncias entre duas cidades quaisquer ao longo da BR **101**.

P**4.49** - A velocidade média de um carro é dada pela razão entre a distância percorrida (em KM) e o tempo de deslocamento (em Horas). Escreva um algoritmo que calcula a velocidade média de um carro a partir da distância percorrida e o tempo do deslocamento.

P**4.50** - Escreva um algoritmo para converter uma medida em léguas para metros.

P**4.51** - Escreva um algoritmo para converter uma medida em milhas náuticas para metros.

P**4.52** - Escreva um algoritmo que calcula a quantidade de centímetros existentes em uma medida feita em metros.

P**4.53** - Escreva um algoritmo para determinar a diferença de altura entre duas pessoas.

P**4.54** - Escreva um algoritmo que calcula a quantidade de tijolos em uma parede, levando em conta que cada metro quadrado de parede consome 25 tijolos em média.

P**RO**B**LEMAS** E**NVOLVE**N**DO MEDIDAS DE MASSA**

Voltados para trabalhar preferencialmente as Competências/Habilidades BNCC: EF02MA17, EF03MA05, EF03MA06, EF03MA07, EF03MA08, EF03MA20, EF05MA19.

P**4.55** - Escreva um algoritmo que determina quem é a mais gorda entre duas pessoas.

P**4.56** - Escreva um algoritmo que diz quem é a mais magra entre duas pessoas.

P**4.57** - Escreva um algoritmo que diz a média de massa corpórea entre 3 pessoas.

P4.58 - João está fazendo regime há 30 dias. No início do seu regime ele anotou a sua massa corpórea quando subiu na balança. Agora ele vai fazer a medição na balança novamente. Escreva uma algoritmo para calcular o que ele conseguiu emagrecer.

P4.59 - O IMC determina um índice que uma pessoa deve ter, devendo ser calculado pela razão entre o peso expresso em quilogramas e o quadrado da altura em metros. Escreva um algoritmo que calcula o IMC de uma pessoa a partir do fornecimento da sua massa corporal (vulgarmente chamada de peso) em Kg e da sua altura (em metros).

P4.60 - Uma arroba é uma antiga medida de massa que corresponde a 14,7 Kg. Escreva um algoritmo que converte uma medida em arrobas para quilogramas.

P4.61 - O dono do VERDFRUT fez um pedido a um agricultor uma certa quantidade de quilos de tomate para repor seu estoque e atender a demanda da semana. Como o agricultor é inexperiente, ele não tem certeza da quantidade de tomates que deve colher porque a massa média de um tomate varia de uma variedade para outra. Escreva um algoritmo para ajudar o agricultor para saber quantos tomates devem ser colhidos para atender o pedido do VERDFRUT, tendo em conta a massa média em Kg de um tomate e a quantidade Kg pedidos pelo cliente.

P4.62 - César está organizando um churrasco no seu aniversário. Ele soube que existe uma regra de 500g de carne para cada convidado. Escreva um algoritmo que calcula a quantidade de quilogramas de picanha que ele deve comprar para uma certa quantidade de pessoas na sua festa e quanto ele vai gastar.

P4.63 - Uma transportadora precisa saber quantas caixas de um determinada massa cabem em um caminhão com com uma certa capacidade de carga. Escreva um algoritmo para resolver este problema desta empresa.

P4.64 - Um elevador pode transportar de uma vez até 350 Kg e/ou 5 pessoas. Para liberar a saída do elevador faz-se necessário computar a soma da massas corpóreas de todos os passageiros para ver se há excesso de carga. Escreva um algoritmo para resolver este problema.

PROBLEMAS DE VOLUME / CAPACIDADE

Voltados para trabalhar preferencialmente as Competências/Habilidades BNCC: EF02MA17, EF03MA20, EF05MA19.

P4.65 - Um construtor precisa saber quantos metros cúbicos de concreto usinado ele deve pedir à empresa especializada para fazer uma laje no seu prédio em formato de um cubo. Escreva um algoritmo que calcule a quantidade de concreto em função do volume da base da laje do prédio.

P**4.66** - Uma piscina de formato retangular tem a sua capacidade calculada pelo produto entre a sua área da base e a sua altura ou profundidade. Sabendo-se o valor que a companhia de água cobra por um metro cúbico de abastecimento de água, escreva um algoritmo que calcula o valor para encher uma piscina nessas condições.

P**4.67** - Uma caixa de água em formato de cilindro tem a sua capacidade calculada com base no seu raio e sua altura. Escreva um algoritmo que que calcula a capacidade de uma caixa cilíndrica. Você saberia calcular o volume de um cubo ? Como seria o algoritmo do volume de um cubo?

PROBLEMAS DE PORCENTAGEM

Voltados para trabalhar preferencialmente as Competências/Habilidades BNCC:

P**4.68** - Cientistas afirmam que a imunidade de rebanho de uma população pode ser alcançada com um mínimo de 70% dessa população vacinada contra a COVID-**19**. Levando em conta a população da sua cidade, escreva um algoritmo que calcula a quantidade de pessoas que devem ser vacinadas para atingir a imunidade de rebanho.

P**4.69** - A audiência de TVs de três programas que são exibidos em paralelo é pesquisada em termos da quantidade de domicílios que estão assistindo cada programa. Escreva um algoritmo que calcula o percentual de audiência de cada umas dessas TVs.

P**4.70** - Escreva um algoritmo que calcula o valor do novo salário mínimo com base no percentual de reajuste e o valor atual do salário mínimo.

P**4.71** - Escreva um algoritmo que calcula o valor final de uma mercadoria em função do valor de tabela e do desconto a ser concedido.

P**4.72** - Em uma eleição com 3 candidatos a prefeito, ganha quem conseguir 50% mais um voto do total de votos obtidos pelos 3 candidatos. Escreva um algoritmo que diz se um dos 3 candidatos ganhou a eleição no primeiro turno ou não.

P**4.73** - Uma cidade quer saber qual peso percentual entre crianças, jovens, adultos e idosos. Para isso ela está fazendo um levantamento para contar quantas pessoas moram na cidade em cada uma categoria de idade. Escreva um algoritmo que calcula o percentual de cada categoria com base nos números levantados.

PROBLEMAS SOBRE O SISTEMA MONETÁRIO NACIONAL

Voltados para trabalhar preferencialmente as Competências/Habilidades BNCC:EF-03MA05, EF03MA06, EF03MA07, EF03MA08, EF03MA24.

P4.74 - Escreva um algoritmo para calcular o valor do condomínio de um prédio a partir da informação do valor total das despesas mensais do prédio e da quantidade apartamentos no condomínio.

P4.75 - A Constituição Federal do Brasil determina que 25% da receita das prefeituras seja utilizada para investir na educação. Pesquise a receita mensal da prefeitura do seu município e escreva um algoritmo que calcula qual deve ser a verba que deve ser destinada para área de educação em sua cidade.

P4.76 - O proprietário de uma banca de verduras na feira de sua cidade é especialista em vender tomates e cebolas. Ele quer desenvolver um algoritmo para calcular o lucro total da sua banca e o lucro com cada produto em um dia de vendas. Para isso, ele controla o a quantidade e o preço de compra de cada um desses produtos de manhã cedo. Na medida em que ele vende os tomates e as cebolas, ele vai anotando as quantidades vendidas. Ele sempre vende os seus produtos com um preço fixo ao longo do dia.

P4.77 - Um empreiteiro que desenvolver um algoritmo para fechar a sua folha de pagamento de pedreiros e ajudantes em sua obra. Ele controla o valor da diária a ser pago a cada profissional por categoria, o número de dias que os trabalhadores trabalharam no mês atual e a quantidade de profissionais em cada categoria. Com base nessas informações ele quer saber:

a. o valor a ser pago individualmente a cada ajudante;
b. o valor a ser pago individualmente a cada pedreiro;
c. o valor total com todos os ajudantes;
d. o valor total com todos os pedreiros;
e. o valor total da sua folha neste mês.

P4.78 - O salário líquido de um profissional é calculado com base no seu salário bruto, abatendo-se os descontos sobre o seu salário. Escreva um algoritmo que calcula o salário líquido de um funcionário.

P4.79 - O troco de um cliente é calculado como a diferença entre o valor entregue pelo cliente e o total das suas compras. Escreva um algoritmo que calcula o troco de um cliente.

P4.80 - Uma empresa de transporte por aplicativo paga um determinado valor por quilômetro rodado pelo motorista. Escreva um algoritmo que calcula o valor a ser recebido pelo motorista de aplicativo.

P**4.81** - Uma empresa de ônibus faz o balanço de cada veículo no fim do expediente quando ele volta para a garagem. O Cobrador/Motorista informa a quantidade de passageiros que andou no veículo, o valor da passagem na sua linha e o valor total que ele recebeu. Escreva um algoritmo faça o fechamento do caixa do ônibus, informando se o caixa está correto ou se faltou dinheiro no caixa ou sobrou dinheiro no caixa.

P**4.82** - O custo ao consumidor de um carro novo é a soma do custo de fábrica com a percentagem do distribuidor e dos impostos (aplicados ao custo de fábrica). Supondo que a percentagem do distribuidor seja de 24% e os impostos de 46%, desenvolva um algoritmo que leia o custo de fábrica de um carro e escreva o custo final ao consumidor.

PROBLEMAS COM NÚMEROS PARES, ÍMPARES, PRIMOS, MÚLTIPLOS E DIVISORES

Voltados para trabalhar preferencialmente as Competências/Habilidades BNCC: EF04MA05, EF04MA06, EF04MA07, EF04MA09

P**4.83** - Escreva um algoritmo que determina se um número informado é par.

P**4.84** - Escreva um algoritmo que determina se um número lido pelo teclado é ímpar.

P**4.85** - Escreva um algoritmo para listar os divisores de um número lido pelo teclado.

P**4.86** - Desenvolva um algoritmo para listar os 10 primeiros múltiplos de um número lido pelo teclado.

P**4.87** - O maior divisor comum entre dois números (MDC) é muito usado em vários problemas matemáticos. O matemático grego Euclides desenvolveu um algoritmo para determinar o MDC entre dois números (vide capítulo 6). Escolha dois números quaisquer entre 01 e 100 (em anexo neste apêndice) e determine o MDC entre eles através do algoritmo de Euclides. Para maiores informações, consulte o capítulo 6 de Paiva (2021).

P**4.88** - Escreva um algoritmo que determina se um número informado pelo teclado é primo ou não.

PROBLEMAS SOBRE ARMAZENAMENTO DIGITAL

Voltados para trabalhar preferencialmente as Competências/Habilidades BNCC: EF09MA18.

P4.89 - Um administrador quer um HD (Hard Disk) para fazer cópias de segurança dos dados da sua empresa. A sua exigência é que o HD a ser adquirido tenha sua capacidade de armazenamento em TERABYTES (TB). O HD que ele quer preservar em uma cópia de segurança tem sua capacidade em GIGABYTES (GB). Escreva um algoritmo que calcula quantas vezes vai ser possível fazer cópias distintas do HD a ser preservado, levando em conta o tamanho do HD original em GB e o tamanho do HD de reserva em TB.

P4.90 - Um arquivo de funcionários de uma empresa é composto por três dados (campos) com as seguintes características:

NOME	**- 40 BYTES (Cadeia);**
SALÁRIO	**- 8 BYTES (Real);**
CARGO	**- 16 BYTES (cadeia).**

Essa empresa quer construir um algoritmo que calcula a necessidade de armazenamento em MEGABYTES (MB) para guardar os dados de um certo número de funcionários a ser informado pelo teclado. Um disco rígido (HD) sai de fábrica com algumas características bem definidas. Uma dessas características importantes é o chamado BLOCO FÍSICO a ser usado em operações de leitura/gravação, configurando a quantidade de BYTES a serem lidos ou gravados em cada operação de entrada/saída naquele disco. Isso dá margem a um elemento importante que é o fator de bloco, que é a relação entre o tamanho do bloco físico e o tamanho do registro lógico usado em um determinado arquivo. Se esse fator de bloco não for um número inteiro, o programador terá que repensar o tamanho do seu registro lógico para não perder eficiência nas operações de leitura/gravação do seu arquivo. Escreva um algoritmo que diz se o fator de bloco do seu arquivo está correto ou não para o seu HD.

PROBLEMAS ENVOLVENDO TEMPO E DATAS

Voltados para trabalhar preferencialmente as Competências/Habilidades BNCC: EF03MA05, EF03MA06, EF03MA07, EF03MA08, EF03MA22, EF03MA23.

P4.91 - Escreva um algoritmo que calcule o número de dias entre duas datas no mesmo ano.

P4.92 - Escreva um algoritmo que calcula a idade de uma pessoa a partir da sua data de nascimento e a data de hoje.

P4.92 - Escreva um algoritmo que calcula a quantidade de segundos entre duas horas distintas do mesmo dia, sendo informados para cada uma a hora os minutos e os segundos.

P**4.93** - Escreva um algoritmo que calcule quantos minutos faltam para uma determinada hora a partir da hora atual.

P**4.94** - Elabore um algoritmo que leia do teclado uma quantidade de segundos e transforme este tempo em dias, horas e minutos.

P**4.95** - Construa um algoritmo que a partir de uma data informada pelo usuário, determine o dia seguinte a esta data (Dia, mês e ano).

P**4.96** - Escreva um algoritmo que diz o século ao qual pertence uma data informada pelo teclado (devendo ser informados Dia, Mês e Ano).

P**4.97** - A biblioteca central cobra R$ 2,00 por dia de atraso na devolução de livros. Escreva um algoritmo que leia a data de vencimento e a data de entrega de um livro e calcula a multa a ser paga pelo usuário (datas serão informadas como Dia e Mês).

P**4.98** - Você está na organização de uma corrida de 100 metros rasos e tem como incumbência a elaboração de um algoritmo que vai ler o tempo de chegada dos três primeiros atletas, devendo determinar em função do tempo quem vai receber as medalhas de ouro, prata e bronze. Escreva o algoritmo solução para esse problema.

PROBLEMAS DE PROBABILIDADE E ESTATÍSTICA

Voltados para trabalhar preferencialmente as Competências/Habilidades BNCC: BNCC EF07MA34, EF07MA35, EF08MA25, EF09MA22, EF09MA23.

P**4.99** - Escreva um algoritmo que calcula a probabilidade de um evento ocorrer em função do fornecimento pelo teclado do número de casos favoráveis e do total dos casos possíveis para este evento.

P**4.100** - Em uma escola tem-se um certo número de professores e de alunos que participarão de uma festa e que serão contabilizados antes do sorteio. Na realização de um sorteio para um prêmio pretende-se anunciar qual será a probabilidade de o ganhador ser um docente e qual será a de ser um aluno. Escreva um algoritmo para fazer esses cálculos.

P**4.101** - São informados três números na ordem crescente. Determine a mediana desses números.

P**4.102** - Determine a média dos mesmos números usados no problema anterior.

P4.103 - Uma turma de 5 alunos informa as suas alturas em ordem numérica, isto é, da menor para a maior altura, qual será a altura que corresponderá à mediana do grupo? Escreva um algoritmo para resolver esta questão.

P4.104 - E se fossem quatro alunos? O que muda no algoritmo?

P4.105 - A CAIXA informa que as 60 dezenas da MEGASENA permitem um total de 50.063.860 de combinações possíveis. Escreva um algoritmo que calcula a probabilidade de uma aposta única ganhar na MEGASENA.

P4.106 - Generalize a solução do problema anterior para calcular a probabilidade de N apostas ganharem na MEGASENA.

P4.107 - As idades de um grupo de 5 alunos serão informadas na ordem crescente das idades. Escreva um algoritmo que calcula a MEDIANA desse conjunto de idades.

P4.108 - A MASSA (KG) de um grupo de 4 alunos serão informadas na ordem crescente. Escreva um algoritmo que calcula a MEDIANA desse conjunto de massas, popularmente chamadas de PESO.

PROBLEMAS DE POTENCIAÇÃO E RADICIAÇÃO

Voltados para trabalhar preferencialmente as Competências/Habilidades BNCC: EF06MA03, EF08MA02, EF09MA03.

P4.109 - Escreva um algoritmo que calcula a raiz de um número N lido pelo teclado.

P4.110 - Escreva um algoritmo para calcular a área de um triângulo, sendo conhecidos o seus três lados, devendo usar a fórmula: Lados A, B e C.

$$P = \frac{(A+B+C)}{2}$$

$$\text{ÁREA} = \sqrt{P \times (P-A) \times (P-B) \times (P-C)}$$ - (Fórmula de Herão)

P4.111 - Escreva um algoritmo que calcula a potência de um número elevado a um determinado expoente. Ambos os números sendo informados pelo teclado.

PROBLEMAS DIVERSOS

Voltados para trabalhar várias Competências/Habilidades BNCC:

P**4.112** - Calcular o comprimento de uma circunferência de raio R, onde o comprimento é dado pela fórmula

C = 2 x ¶ x R (¶ = 3,14)

P**4.113** - Calcular a remuneração total (R) de um professor a partir do valor da hora-aula (H) e a quantidade de aulas dadas no mês (Q). Aplique a fórmula R = H x Q x 5,25.

P**4.114** - Calcular o consumo médio de um veículo, s}o informados a distância percorrida (D) e o número de litros consumidos (LIT). Fórmula:

$$CM = \frac{D}{LIT}$$

P**4.115** - Calcular o valor da conta de energia elétrica de um consumidor, s}o informados: a leitura anterior (LANT), leitura atual (LATUA) e valor por unidade consumida (V). Fórmula:

CONTA = (LATUA - LANT) x V

P**4.116** - Assinale V (Verdadeiro) e F (Falso) para cada uma das afirmativas a seguir:

a. ( ) Cada dado a ser informado pelo usuário requer a definição de uma variável no corpo do algoritmo.
b. ( ) Existe sempre uma fórmula única para cada problema a ser resolvido.
c. ( ) A tabela de testes permite ao programador avaliar a solução do problema.
d. ( ) O programador deve conhecer detalhes sobre o funcionamento interno dos computadores para poder escrever algoritmos melhores.
e. ( ) A instrução de atribuição é utilizada apenas para registrar o resultado de processos de contagem.
f. ( ) A ordem das instruções em problemas simples não é relevante.
g. ( ) Um programador deve ter a postura semelhante a de um pesquisador, evitando assim de ser enganado pelas primeiras impressões na busca da solução de um problema.
h. ( ) O uso de uma metodologia de programação só atrapalha o talento nato do programador.
i. ( ) A primeira versão de um algoritmo é sempre a mais eficiente.
j. ( ) Não existe problema sem solução.
k. ( ) Rastrear a solução do algoritmo é pura perda de tempo.

P**4.117 -** Escreva um algoritmo que calcula a velocidade final (V) de um corpo que tem velocidade inicial (Vo), aceleração (A) em um tempo (T). Fórmula:

$$V = Vo + A \times T$$

P**4. 118 -** Escreva um algoritmo que calcula o valor da força (F) em função da massa (M) e da aceleração (A) de um corpo qualquer. Fórmula:

$$F = M \times A$$

P**4. 119 -** Escreva um algoritmo que calcula o trabalho realizado por uma força. Através da fórmula: T = F x D, onde "F" é o valor da força e "D" é a distância percorrida pelo corpo, sobre o qual a força é exercida.

P**4. 120 -** Escreva um algoritmo que calcula a quantidade de movimento (Q) de um corpo de massa (M) que se deslocou com uma velocidade (V). Fórmula:

$$Q = M \times V$$

P**4. 121 -** Escreva um algoritmo que calcula a pressão (P) de uma força (F) sobre uma área (A). Fórmula:

$$P = \frac{F}{A}$$

P**4. 122 -** Escreva um algoritmo que calcula o valor a pagar de um cartão de crédito. Use a fórmula:

$$APAGAR = SDOANT + COMPRAS - PAGTO$$

P**4. 123 -** Escreva um algoritmo que calcula o novo valor do aluguel (NOVALUG) de um imóvel a partir do valor antigo (ANTALUG) e do índice do IGPM. Fórmula:

$$NOVALUG = ANTALUG \times \frac{(1 + IGPM)}{100}$$

P4. **124 -** Escreva um algoritmo que calcula o total de pontos (TOTPONT) de uma Equipe no campeonato Brasileiro, a partir do número de vitórias (NVIT) que valem 3 pontos cada e o número de empates (NEMP) que vale 1 ponto. Fórmula:

$$TOTPONT = (NVIT \times 3) + NEMP$$

P**4.125 -** Um investidor precisa fazer um algoritmo para calcular a rentabilidade de uma aplicação na poupança. Sabendo-se que a poupança rende 0,5% ao mês, calcule o rendimento de um valor a ser aplicado em um mês da poupança.

P**4.126 -** Um trabalhador tem direito ao FGTS, que é calculado como sendo 8% do valor do salário mensal do funcionário. Escreva um algoritmo que a partir do salário do trabalhador, calcule o depósito do seu FGTS.

P**4.127 -** Em uma eleição com 3 candidatos a presidente, precisa-se saber o total de votos válidos recebidos por cada candidato para saber se o candidato com o maior número de votos obteve mais de 50% do total de votos para ser determinada a sua vitória. Serão informados o número de votos do mais votado (N1), do segundo colocado (N2) e do terceiro (N2). Calcule o percentual de votos do candidato mais votado.

P**4.128 -** O orçamento de um município tem percentuais fixos para educação (25%), saúde (15%) e folha de pessoal (47%). Sabendo o valor total do orçamento anual do município, determine os valores a serem aplicados na educação, saúde e pessoal.

P**4.129 -** A média ponderada de um aluno é calculada a partir das suas notas (N1 e N2) e dos pesos de cada nota (P1 e P2). Escreva um algoritmo que calcula a média ponderada do aluno João Silva usando a fórmula a seguir:

$$MEDP = \frac{(N1 \times P1 + N2 \times P2)}{(P1 + P2)}$$

P**4.130 -** O ICMS (Imposto sobre Circulação de Mercadorias) é calculado sobre o valor do produto a ser comprado pelo consumidor. Esse imposto varia de estado para estado, mas o seu valor no estado X é de 17%. Sabendo o valor de venda de um produto, escreva um algoritmo que calcula o imposto e o valor final que a empresa vai receber sem o ICMS.

CAPÍTULO 5

CONVERTENDO OS ALGORITMOS PARA PYTHON

> "Ensinar é aprender duas vezes.
>
> *Flaubert*"

Agora que você já escreveu os seus primeiros algoritmos, partiremos para caracterizar a linguagem Python, que será utilizada escrevermos nossos programas definitivos, se você tiver a disponibilidade de um computador. A escolha da linguagem Python deve-se à grande aceitação da mesma junto aos programadores no Brasil e no mundo. Estabeleceremos também uma série de características importantes para que se possa fazer uso adequado dessa linguagem, levando em conta os conhecimentos já adquiridos.

De acordo com o site Python Brasil, a linguagem Python é uma das linguagens mais usadas atualmente no mundo todo. Python é uma linguagem de programação de alto nível, interpretada, trabalhando nos paradigmas imperativo, orientado a objetos e funcional. Foi desenvolvida por Guido van Rossum em **1991**.

A linguagem Python pode ser obtida por download através do site www.python.org, que reproduzimos abaixo na Figura 5.1:

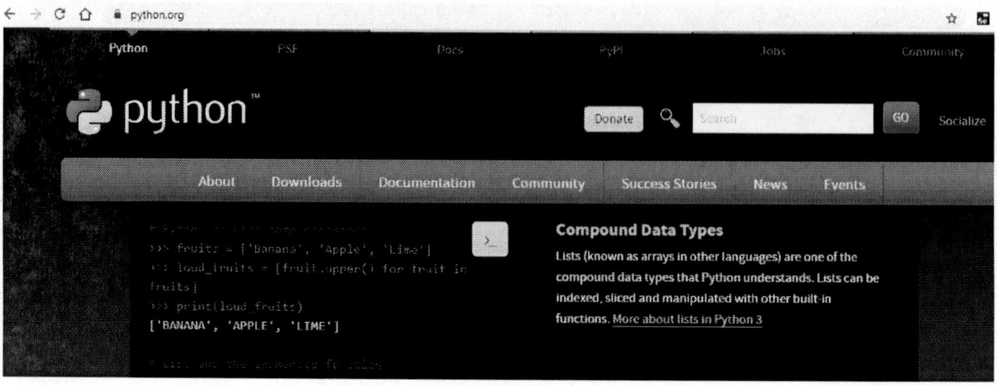

Figura 5.1 - Fonte: Site Python.org

A versão que utilizamos para testar os programas do livro foi o Python for Windows versões 3.6.1 e 3.8.1, cuja interface é apresentada a seguir:

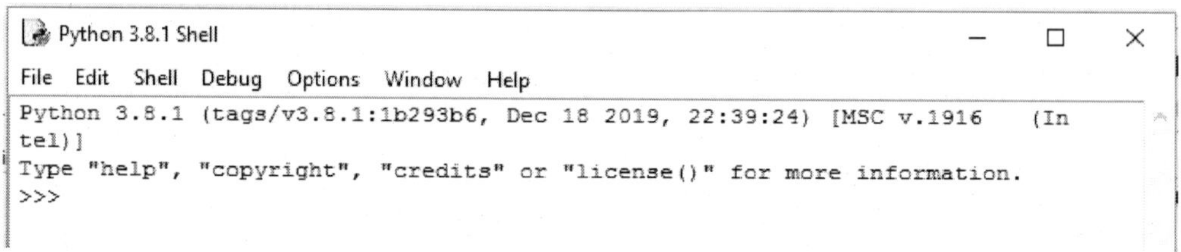

Figura 5.2 - Fonte: Criação Própria

VÍDEO AU LAS DE REVISÃO:

Usando o Python:
youtu.be/oH0aNzd605E

É importante chamar a sua atenção para o fato de que cada implementação de uma linguagem de programação tem pequenas variações sintáticas de uma para outra, podendo variar de um ambiente para outro, sendo necessários pequenos ajustes na digitação dos algoritmos para os programas correspondentes na linguagem Python.

A estrutura GERAL de um programa na linguagem Python:

PYTHON
<COMANDOS>

A declaração de variáveis permite que o compilador/interpretador da linguagem solicite a alocação de espaço na memória do computador para conter as mesmas.

Em PYTHON, Nomes de variáveis podem ser compostos de algarismos, letras ou _ (undescore). O primeiro caractere não pode ser um algarismo e os nomes não podem ser palavras reservadas (if, while, etc), que são proibidas. Python é case sensitive, isto é, faz distinção entre letras maiúsculas e minúsculas. A variável x é diferente de X.

Em uma linguagem de programação, um tipo de dado é um conjunto de valores e um conjunto de operações sobre esses valores. Os tipos básicos possíveis de variáveis nas linguagens PYTHON, basicamente, são os mesmos que você já aprendeu na linguagem algorítmica, mas convertidos para a língua inglesa no caso da linguagem PYTHON. Vejamos alguns:

Inteiro - int (números inteiros dentro do intervalo de -32768 e +32767);
Real - float (números reais com casas decimais);
Cadeia- str (cadeia de caracteres);
Lógico - bool (variáveis que podem conter apenas dois valores lógicos que são o valor True (verdade) ou o valor False (falso).

Diz-se que a linguagem Python dispõe de uma tipagem dinâmica e forte, significando que o tipo das variáveis é determinado quando a mesma é usada, não sendo necessário declarar uma variável antes do seu uso, mas uma vez feita a opção por um tipo, a variável não pode mudar de tipo.

Observe o exemplo a seguir:

PYTHON

```
X = int(input())
Y = int(input())
SOMA = X + Y
print(SOMA)
```

OBSERVAÇÕES:

1. a função int converte a entrada obtida no input para um número inteiro;
2. Em PYTHON, o operador de atribuição é o símbolo " = " (igual);
3. Uma atribuição em PYTHON já cria uma variável, não sendo obrigatória a sua declaração.

5.1 Comandos Básicos

5.1.1 ATRIBUIÇÃO

O comando de atribuição é o comando utilizado para guardar um determinado valor em uma variável que está armazenada na memória do computador.

PYT**HO**N
<VARIÁVEL > = <EXPRESSÃO> Exemplos: 1. TOTAL = 0 2. SOMA = SOMA + **1** 3. MENSAGEM="ERRO DE DIGITAÇÃO"

EXPLICAÇÕES:

1. A variável TOTAL vai receber o valor 0 (zero);
2. A variável SOMA receberá seu valor anterior acrescido de mais uma unidade, podendo ser escrito também como SOMA++
3. A variável MENSAGEM receberá a expressão '**ERRO DE DIGIT ACAO**'
4. Observe que alguns operadores matemáticos são semelhantes aos que você aprendeu anteriormente: Adição: +; Subtração: **-**. Existem exceções na Multiplicação: * (asterisco) e a divisão que é a / (barra).
5. A atribuição em Python tem uma maior flexibilidade, podendo ser feitas múltiplas atribuições em um único comando. Por exemplo, a atribuição **A**,B = **3**,**4** seria igual aos dois comandos **A**=**3** e B=**4**.

5.1.2 ENTRADA DE DADOS

FORMATO GERAL:

PYTHON
<VARIÁVEL > = input() Exemplos: 1. IDADE = int(input()) 2. SALARIO = float(input()) 3. nome = input("DIGITE SEU NOME: ")

OBSERVAÇÕES:

1. A entrada de dados em Python é um conjunto de caracteres que para ter valor numérico precisa ser convertido por uma função específica para este fim, ou seja, o padrão do resultado da função de entrada de dados, **input()**, é do tipo **str**, isto é, uma cadeia de caracteres, sendo necessário usar funções auxiliares de conversão de string para inteiro (**int()**) e para ponto flutuante (**float**);

2. A variável IDADE vai receber o valor inteiro equivalente ao digitado pelo teclado;

3. O valor digitado será convertido em um número decimal e armazenado na variável SALARIO;

4. Será exibida uma mensagem **DIGITE SEU NOME**: e em seguida será lido o texto digitado que será armazenado na memória na variável **nome**;

5.1.3 COMANDO DE SAÍDA

FORMATO GERAL:

PYTHON
<print> (<LISTA-DE-SAÍDA>) Exemplo: 1. print (IDADE) 2. print (SALARIO, FALTAS) 3. print ("O NOME FOI: ", NOME)

EXPLICAÇÕES:

1. A variável IDADE será exibida no dispositivo de saída;
2. Serão exibidos os valores das variáveis SALARIO e FALTAS, nesta ordem;
3. Serão exibidas na tela do computador hipotético a mensagem "O NOME DIGITADO FOI:" seguido do conteúdo que está armazenado na variável NOME.

OBSERVAÇÕES:

1. Existe a possibilidade de usarmos caracteres de controle de impressão para produzir efeitos na saída. Por exemplo, a sequência \n força um salto de linha: print ("O salto de linha vai ocorrer logo depois de mim \n")
2. Outros cacacteres de formatação de saída:

NÚMERO	CARACTERE	FORMATO SAÍDA
1	d ou i	Inteiro
2	F	Ponto Flutuante
3	C	Caractere
4	S	String
5	%	Caractere de Formatação

Comando		**Saída**
1. print ("Meu time eh %d vezes campeão brasileiro!" %(4))	→	Meu time eh 4 vezes campeão!
2. print ("O Brasil tem %7.2f milhões habitantes." %(205.5))	→	O Brasil 205.50 milhões habitantes.
3. print ("Meu sangue eh: %c. Bem comum. " %(B))	→	O meu sangue eh: B. Bem comum.
4. print ("Meu nome eh: %s. Nome comum! " %("Joao"))	→	Meu nome eh: Joao. Nome comum!
5. print ("Olá",end="")	→	opção end="" não salta linha
print ("Tudo bem?"	→	Tudo bem? sairá na mesma linha

EXERCÍCIOS RESOLVIDOS

R5. 01 - Resolva o problema para calcular o triplo de um número qualquer.

SOLUÇÃO:

Problema [1]
Descrição curta do problema a ser solucionado

Calcular o triplo de um número qualquer digitado

Decomposição [2]
Quebra o problema em partes

1. **Ler o número**
2. **Calcular o Triplo**
3. **Exibir o Triplo**

Padrões [3]
Encontrar semelhanças genéricas

O triplo de N é obtido pela multiplicação de N por 3

Abstração [4]
Remover detalhes desnecessários

1. **Desprezar validação da entrada**

Entradas [5]
Informações necessárias para a resolução do problema

N - Número inteiro

Saída [6]
Informações que deverão ser produzidas

Triplo = 3*N

Algoritmo [7]
Remover detalhes desnecessários

1. **Leia (N)**
2. **Triplo = 3*N**
3. **Escreva (Triplo)**

PYTHON

```
# Programa Triplo

NUM = int( input())
TRIPLO  = 3 * NUM
print (TRIPLO)
```

EXPLICAÇÃO: O caractere "#" (Python) indica que depois dele vem um comentário e que esse conteúdo não deve ser executado.

TESTE:

N = 2; Triplo = 3 * 2 = 6
N = 5; Triplo = 3 * 5 = 15
N = 4; Triplo = 3 * 4 = 12

R5.02 - Escreva um programa que calcula a conta final de um dado cliente na KI LANCHE que possui os seguintes preços:

PRODUTO	PREÇO (R$)
Hamburger	6,00
Cheeseburger	7,00
Suco	5,00

$$\text{Conta} = \sum_{i=1}^{n} Q_i * P_i$$

SOLUÇÃO:

Problema [1]
Descrição curta do problema a ser solucionado

Calcular o valor da conta de uma lanchonete com base no cardápio

Decomposição [2]
Quebra o problema em partes

1. Definir preços
2. Ler quantidades produtos
3. Calcular preços totais
4. Apresentar conta

Padrões [3]
Encontrar semelhanças genéricas

$$\text{Conta} = \sum_{i=1}^{n} Q_i * P_i$$

Abstração [4]
Remover detalhes desnecessários

1. Não validar entradas

Entradas [5]
Informações necessárias para a resolução do problema

PH=6,00 PC=7,00 PS=5,00
QH - Quantidade Hambúrguer
QC - Quantidade Cheesburguer
QR - Quantidade Suco
*Números Reais

Saída [6]
Informações que deverão ser produzidas

Conta Real

Algoritmo [7]
Remover detalhes desnecessários

1. PH=6.0
2. PC=7.0
3. PS=5.0

] 1. Definir preços

4. Leia (QH)
4. Leia (QC)
4. Leia (QS)

] 2. Ler quantidade produtos

7. Conta = QH*PH+QC*PC+QS*PS

8. Escreva (Conta)

PYTHON

```
# Calcula Conta
PH = 6.0
PC = 7.0
OS = 5.0
QH = int(input ("Quantidade Hamburguer: "))
QC  =  int(input ("Quantidade Cheesburger: "))
QS =  int(input ("Quantidade de Suco: "))
Conta   = (QH *  PH) + (QC * PC) +   (QS * PS)
print ("O TOTAL GERAL A PAGAR EH: ", Conta)
```

TESTE:

QH = 1; QC = 1; QS = 1; Conta = 1*6.0 + 1*7.0 + 1*5.0 = 18.00
QH =2; QC = 2; QS = 2; Conta = 2*6.0 + 2*7.0 + 2*5.0 = 36.00
QH =3; QC = 3; QS = 3; Conta = 3*6.0 + 3*7.0 + 3*5.0 = 54.00

VÍDEO AULAS DE REVISÃO:

Introdução a Programação Python:
youtu.be/XGn6jLDdl1E

EXERCÍCIOS PROPOSTOS

P5.01 - Qual o significado de uma atribuição? Suponha A=3 e B=4, quais seriam os valores finais de A, B e C na seguinte atribuição: C = A * B - 4?

P5.02 - A ordem das atribuições é importante? A=B e C=A tem o mesmo efeito de C=A e A=B?

P5.03 - Converta todos os algoritmos propostos do capítulo 3 para programas PYTHON e execute-os em seu computador.

P5.04 - Aponte os erros no programa PYTHON a seguir:

Linha	Comandos
1	# Programa P504
2	#Variaveis NUM e TRIPLO são inteiras
3	#
4	input (NUM1);
5.	TRIPLO = 3 * NUM
6	Dobro = 2 * NUM;
7	print ("Triplo: ", TRIPLO)
8	print "FIM"

P5.05 - Assinale V (Verdadeiro) e F (Falso) para cada uma das afirmativas a seguir:

a. (   ) O ";" (ponto e vírgula) determina o fim do comando em PYTHON.
b. (   ) A "," (vírgula) separa elementos dentro de um comando em PYTHON.
c. (   ) Todo programa em PYTHON termina com a palavra reservada END.
d. (   ) Em PYTHON, uma palavra reservada pode ser usada para dar nome a uma variável.

e. (   ) A palavra reservada var inicia a declaração de variáveis em PYTHON.
f. (   ) Cada comando de um algoritmo deve ter o seu correspondente na linguagem de programação.
g. (   ) Em PYTHON, o comando print escreve no dispositivo de saída, mas não gera uma nova linha, deixando o cursor sempre na linha atual.
h. (   ) O comando print em PYTHON escreve no dispositivo de saída e gera uma nova linha, deixando o cursor na linha seguinte à atual.
i. (   ) Em PYTHON o operador "=" é exclusivo do comando de atribuição.
j. (   ) Todo programa PYTHON é iniciado com a palavra reservada "program".
k. (   ) A linguagem PYTHON não faz distinção entre letras maiúsculas e minúsculas, podendo ser afirmado que as variáveis NOME e nome são uma única variável.
l. (   ) Em Python não há distinção entre nomes maiúsculos e minúsculos.
m. (   ) odo programa em PYTHON é iniciado com "{ " e finalizado com }.
n. (   ) Em geral um programa em Python só são usadas letras minúsculas.
o. (   ) Em Python, há distinção entre nomes maiúsculos e minúsculos? "MAIOR" e "maior" são nomes distintos?

P5. 06 - Aponte os erros no programa em PYTHON a seguir:

Linha **Comandos**

```
# Exemplo Dobro
{
 int Dobro, num
 num = input()
 dobro: = 2 * num;
 print("DOBRO =" Dobro);
}
```

P5. 07 - **(Parque Tecnológico - programador - 2012)** - No comando de atribuição em Python: valor = input("Digite um valor: "), qual o tipo da variável valor?

a. str   b. bool   c. int   d. float   e. file

P5.08 - **(CESPE - Analista Desenvolvimento - 2018)** - **Avalie a afirmação**: "Python é uma linguagem livre de alto nível, orientada a objetos e de difícil leitura, pois não permite identação de linhas de código".

a. Certo   b. Errado

P5.09 - (IFMT - Informática - 2018) - Considere o seguinte fragmento de código fonte, escrito em linguagem PYTHON:

```
a = 3
b = a * 2
a, b = b, a
```

Após a execução de todos os comandos, qual é o resultado apresentado pelo comando abaixo? **print(a)**

a. 3   b. 6   **c**. 36   **d**. 63   **e**. a

P5.10 - Suponha o seguinte programa Python:

```
N1 = 2
N2 = 3
N3 = 4
print ((N1 + N3) /( N2 - N2))
```

Oque vai ser exibido na saída?

a. 3   b. 6   **c**. 0   **d**. 1   **e**. Uma mensagem de erro

P5.11 - **DESAFIO**: transforme a resolução de cada um dos problemas que você solucionou como um algoritmo em um programa em Python.

APÊNDICE A

> Quando leio um livro pela primeira vez, tenho o mesmo prazer que se contraísse uma nova amizade; quando volto a lê-lo de novo, é um amigo que visito.
>
> *Voltaire*

Glossário

Abstração: Termo associado a deixar de lado aspectos menos importantes de um problema, focando no que e mais relevante para a sua solução.

Algoritmo: Conjunto ordenado de passos, não ambíguos e com a finalidade de resolver um determinado problema.

Atribuição: Operação pela qual se faz com que uma variável receba um valor constante ou de outra variável.

Bloco: Trecho de um algoritmo ou programa que possui características comuns.

C: Linguagem de programação muito utilizada para desenvolvimento de "software" básico. Geralmente é compilada.

Cadeia: Sinônimo para cadeia de caracteres, tendo por significado conjunto de caracteres.

Canvas: Modelo gráfico que especifica o funcionamento de um determinado processo ou tarefa.

Caracter: Uma letra, um dígito ou um símbolo qualquer que pertença ao conjunto de caracteres da linguagem.

Comando: Um comando é uma ordem que deve ser dada para um computador executar. Toda linguagem de programação possui comandos.

Comentário: Explicações dadas no corpo do algoritmo/programa para facilitar a compreensão de um trecho de código. A linguagem ignora comentários durante a execução de um programa. Em Python pode ser sinalizado com # ISTO É UM COMENTÁRIO.

Compilador: Programa tradutor cuja finalidade é converter um programa em uma linguagem de programação qualquer para uma forma que o computador possa entender. Essa tradução é gravada em disco, podendo ser utilizada outras vezes.

Concatenação: Operação de juntar dois ou mais conjuntos de caracteres. Por exemplo, a concatenação de "BON" com "ITA" forma a palavra "BONITA".

Condição Lógica: Condição que deve ser avaliada durante a execução do algoritmo para decidir o que deve ser feito.

Constante: Valor imutável dentro do algoritmo. Valores como PI que corresponde aproximadamente a 3,1416 não têm porque ser mudado durante a execução de algoritmo que calcula a área de um círculo.

Decomposição: Dividir para conquistar. Dividir um problema grande e complexo em problemas menores e mais fáceis de resolver de tal forma que a soma das soluções dos problemas menores levem à solução do problema original.

Depuração: Ato de seguir um algoritmo ou programa durante a sua execução para facilitar a eliminação de erros.

Endentação: Conjunto de alinhamentos e recuos das linhas de um algoritmo que permitem melhor visualização e compreensão das relações hierárquicas entre as mesmas. Alguns usam o termo Identação também.

Expressão: São construções algorítmicas especificadas por regras para calcular valores ou ter como resposta um valor lógico. Uma expressão pode ser lógica ou aritmética.

Finalização: Área de um algoritmo ou programa onde são feitos os preparativos para encerramento da execução do mesmo.

Fluxograma: Representação gráfica de um algoritmo usando símbolos padronizados internacionalmente.

Generalização: identificar o padrão ou os padrões que geram o problema e/ou levam à sua solução, levando em conta características comuns entre esses problemas de uma mesma família.

Inicialização: Atitude de atribuir a uma variável um valor inicial para começar o algoritmo ou programa. Pode-se falar, no corpo de um algoritmo, em uma área de inicialização que é aquela onde são inicializadas todas as variáveis a serem utilizadas no mesmo.

Interpretador: Programa tradutor de um programa em uma linguagem de programação para uma forma que o computador possa entender. Essa tradução não é registrada sendo feita à medida em que o comando vai sendo executado. Tem maior aplicação para programadores iniciantes.

Java: linguagem de programação, desenvolvida por um grupo de pesquisadores da Sun Microsystems por volta de 1990, estando entre as mais utilizadas pelos programadores.

Laço: Sinônimo da palavra inglesa LOOP (laçada, fazer curvas). Significa a execução repetida de um conjunto de comandos por um número determinado de vezes. Em geral, refere-se à estrutura de controle de repetição PARA ou for na maioria das linguagens.

Lua: Linguagem de programação interpretada desenvolvida na PUC-RJ, permitindo a programação procedural, programação orientada a objetos e a programação funcional, constituindo em uma concorrente direta do Python.

Memória: Parte de um sistema computacional responsável por armazenar dados e programas para serem tratados ou executados. Todo dado de entrada e/ou gerado em um algoritmo deve ficar na guardado memória principal para poder ser tratado.

Menu: Significa cardápio de opções. É através de um menu que são oferecidas as opções de trabalho. Exibem-se as opções e lê-se a resposta do usuário para determinar o que deve ser feito em seguida.

Módulo: Subdivisão de um "software" que possui denominação e corpo próprios.

Modularização: Usar módulos como estratégia para desenvolver um software.

Operador: É um dos constituintes de uma expressão, podendo ser aritméticos, lógicos ou relacionais. Por exemplo: +, -, >, or.

Otimização de Código: Ato de reescrever um algoritmo ou programa da forma mais eficiente possível.

PHP (Hypertext Pre Processor): é uma linguagem de criação de scripts, cujo código pode ser embutido em páginas HTML.

Python: Python é uma linguagem de programação de alto nível, interpretada, trabalhando nos paradigmas imperativo, orientado a objetos e funcional, dispondo de uma tipagem dinâmica e forte. Foi desenvolvida por Guido van Rossum em 1991.

Processamento: Tratamento, transformação de dados. Em um algoritmo a parte de processamento é quem realmente realiza as tarefas às quais o algoritmo destina-se.

Produtório: É o resultado cumulativo de uma série de multiplicações sucessivas. Esse tipo de variável é utilizada para guardar o resultado desses produtos e deve ser inicializada sempre com 1. O fatorial de 4, que vale 24, é o resultado das seguintes multiplicações sucessivas: 4 x 3 x 2 x 1.

Programa: É um algoritmo traduzido para uma linguagem de programação.

Programa Principal: Parte central de um programa que controla a execução do mesmo.

Sistema: Conjunto de partes interdependentes; conjunto de pessoas, máquinas e programas que visam resolver uma aplicação do usuário; conjunto de programas.

Software: Termo da língua inglesa utilizado para designar a parte inteligente (relativa à programação) de um sistema de computação.

Software Aplicativo: Todos os programas que visam resolver os problemas relativos ao ramo de atividade fim de um indivíduo ou empresa.

Software Básico: Programas que são voltados para os problemas intrínsecos do computador. Não se prestam a resolver um problema fim do usuário. Exemplos: compiladores, sistemas operacionais etc.

Somatório: Variável utilizada para guardar somas sucessivas. Por exemplo: o somatório das mesadas de todos os alunos da escola. Toda variável utilizada em somatórios é inicializada com valor 0 (zero) que é o elemento neutro da adição.

String: O mesmo que cadeia de caracteres.

Subalgoritmo: Trecho de um algoritmo que recebe um identificador (nome), podendo ser ativado (executado) de qualquer ponto deste algoritmo pela simples menção do nome atribuído. A utilização de subalgoritmos gera, entre outras vantagens, economia no tamanho do algoritmo.

Variável: Conjunto de uma ou mais posições da memória de um computador que é utilizado para guardar valores que podem ser alterados durante a execução do algoritmo. Toda variável deve possuir um identificador (nome) e ter um tipo definido (numérico, caractere etc).

Vetor: Variável homogênea unidimensional, isto é, possui um única dimensão, sendo também conhecido pelo termo inglês array.

Zerar: Atribuir valor zero a uma variável numérica. Pode ser sinônimo para inicialização.

APÊNDICE B

> Nós, seres humanos, somos como pequenos grãos de areia, que precisam ficar juntos em forma de pedras para não sermos levados pelos ventos da tempestade.
>
> *Severino Paiva*

Respostas das Questões Objetivas Propostas

Capítulo 2

P2.11	
a. V	h. V
b. V	i. V
c. V	j. V
d. F	k. V
e. F	l. V
f. V	m. V
g. V	
P2.12 - A	
P2.13 - A	

Capítulo 3

P3.02	
a. 10	b. 08
P3.05	
a. 14-10-10	
b. 10-10-14	
c. 10-14-10	
P3.06 - D	
P3.07	
a. V	f. F
b. V	g. F
c. V	h. V
d. V	i. F
e. V	j. F
P3.08 - B	

Capítulo 4

P4.116	
a. V	g. V
b. F	h. F
c. V	i. F
d. V	j. V
e. F	k. F
f. F	

Capítulo 5

P5.05	
a. V	g. F
b. V	h. F
c. V	i. V
d. F	j. F
e. V	k. V
f. V	
P5.07 - A	
P5.08 - B	
P5.09 - B	
P5.10 - E	

APÊNDICE C

MODELO CANVAS ALGORÍTMICO

Pensamento Computacional

CANVAS PARA ESPECIFICAÇÕES DE SOLUÇÕES DE PROBLEMAS

ELABORADO PARA: ELABORADO POR: DATA: / / VERSÃO:

1. PROBLEMA
Descrição curta do problema

2. DECOMPOSIÇÃO
Quebrar problemas em partes

3. PADRÕES
Encontrar generalizações

4. ABSTRAÇÃO
Reconhecer detalhes desnecessários e focar no essencial

5. ENTRADAS
Informações necessárias para resolução do problema

6. SAÍDAS
Informações que deverão ser produzidas

7. ALGORITIMO
passo a passo para resolução do problema

8. TESTES
Validar e testar o algoritmo

Referências

BITTENCOURT, Ricardo Luiz de (organizador). Políticas e práticas na formação de professores. - São Paulo: Pimenta Cultural, 2018. 164p

BRASIL. MEC. Base Nacional Curricular Comum, 2018. Disponível em: http://basenacionalcomum.mec.gov.br/. Acesso: 08. Out. 2019.

CORMEN, Thomas H.; LEISERSON, Charles E.; RIVEST, Ronald L.; STEIN, Clifford. Algoritmos teoria e Prática. Rio de Janeiro: Elsevier, 2012.

DIJKSTRA, E. W.; DAHL, O. J. & Hoare, C. A. Structure Programming. Academic Press, 1972.

GERSTING, Judith L. Fundamentos Matemáticos para a Ciência da Computação. 7a.ed. LTC, 2017.

KNUTH, D. E.The Art of Computer Programming: Fundamental Algorithms.Addison-Wesley ,1972.

KNUTH, D. E.The Art of Computer Programming: Sorting and Searching.Addison-Wesley ,1973.

IME - Instituto Militar ¬¬de Engenharia - Curso Python. Disponível em: https://panda.ime.usp.br/pensepy/static/pensepy/08-Strings/strings.html#metodos-de-string. Acesso: 08. Jan. 2019.

INEP - Instituto Nacional de Estudos e Pesquisas Educacionais Anísio Teixeira. Provas ENADE. Disponível em: http://portal.inep.gov.br/provas-e-gabaritos3. Acesso em: 08. Jan. 2019.

LARMAN, Craig. Applying UML and Patterns. 3a. ed. Pearson Education, 2007.

LESTER, F. K. Trends and issues in mathematical problem solving research. New York: Academic Press, 1983.

LINDEN, Peter van der. Simplesmente Java. 6a. ed. Editora Alta Books, 2005.

MANUAL REFERÊNCIA LINGUAGEM LUA. Disponível em: www.lua.org. Acesso: 20. Dez. 2019

MILLER, Brad; **RANUM**, David. Problem Solving with Algorithms and Data Structures using Python. Luther College, 2013. Disponível em: http://interactivepython.org/runestone/static/pythonds/index.html. Acesso em: 12. Dez. 2018.

P**AIVA**, Severino. Introdução à Programação. 2ª. ed. Rio de Janeiro: Editora Ciência Moderna, 2015

______, Severino. Introdução à Programação e ao Pensamento Computacional usando a linguagem Python e o Portugol Studio **U**nivali. Rio de Janeiro: Editora Ciência Moderna, 2021

______, Severino. Guia de Implantação do Ensino de Pensamento Computacional no Ensino Básico. Editora Ciência Moderna, 2022.

P**ATTERSON**, David A. HESSE**N**Y, John L. Computer Organization and Design. The hardware / software interface. Elsevier, 2009.

P**OLYA**, G. A arte de resolver problemas. Rio de Janeiro: Interciência, 2006.

P**OZO**, Juan Ignácio (Org.). A solução de problemas: aprender a resolver, resolver para aprender. Artmed, Porto Alegre, 1998.

P**YTHON** B**RASIL**. Comunidade Python Brasil. Disponível em: https://wiki.python.org.br. Acesso: 08. Dez. 2019.

P**ORTUGOL STUDIO**. Site da Linguagem Portugol Studio da **UN**IVALI. Disponível em: http://lite.acad.univali.br/portugol/. Acesso: 08. Jan. 2019.

P**UCCINI**, Abelardo de Lima. Programação Linear. Rio de Janeiro: LTC, 1987.

SBC - Sociedade Brasileira de Computação. Provas POSCOMP. Disponível em: http://www.sbc.org.br/educacao/poscomp. Acesso: 08. Jan. 2019.

SBC - Sociedade Brasileira de Computação. Diretrizes para ensino de Computação na Educação Básica. . Disponível em: https://www.sbc.org.br/documentos-da-sbc/summary/203-educacao-basica/1220-bncc-em-itinerario-informativo-computacao-2, 2017. Acesso: 08. Out. 2019.

SBC - Sociedade Brasileira de Computação. Referenciais de Formacao para Cursos de Graduacao em Computacao - Outubro 2017. Disponível em: https://www.sbc.org.

br/documentos-da-sbc/summary/131-curriculos-de-referencia/1165-referenciais-de--formacao-para-cursos-de-graduacao-em-computacao-outubro-2017. Acesso: 08. Out. 2019.

SEBESTA, Robert W. Conceitos de Linguagens de Programação. 9a. ed. Bookman Editora, 2010.

TREMBLAY, Jean-Paul; BUNT, Richard. Ciência dos computadores - Uma abordagem Algorítmica. São Paulo: Mcgraw-Hill, 1983.

TUCKER, Allen B. Linguagens de Programação - Princípios e Paradigmas. 2a. ed. Mcgraw-Hill, 2000.

WING, J. M. (2006). "Computational Thinking". ACM 49 Viewpoint, pp. 33-35.

WIRTH, Niklaus. Algoritmos e Estruturas de Dados. Rio de Janeiro: LTC,1989

Impressão e acabamento
Gráfica da Editora Ciência Moderna Ltda.
Tel: (21) 2201-6662